KosmosGartenbibliothek

Peter Beck

Gartenteiche

KOSMOS

Inhalt

Vorwort

Man möchte es kaum glauben, was Hans Fechner (Professor, Kunstmaler und Vizepräsident des deutschen Anglerbundes) schon im Jahre 1908 im Vorwort zu einem Fischkalender veröffentlicht hat: *„Von dem ehemaligen Fischreichtum unserer deutschen Flüsse und Seen ist gar wenig übrig geblieben. Viele, viele Millionen von Werten sind dadurch dem Volkswohlstande entzogen worden, dass die ehemals so fischreichen Gewässer, zum Beispiel durch Anlagen von Fabriken, deren Abwässer für die Fische schädlich waren, verdorben und entvölkert worden sind."*
Diese Zeilen könnten auch heute niedergeschrieben worden sein. Seit dem Zeitpunkt dieser Veröffentlichung ist zwar sehr viel Wasser die Bäche und Flüsse hinabgeflossen, aber geändert – hin zum Positiven – hat sich leider nichts. Im Gegenteil: Der Zustand unserer Natur und Umwelt hat sich geradezu dramatisch verschlechtert. Getreu der biblischen Aufforderung „Macht Euch die Erde untertan" sind wir dieser Einladung mit kaum zu glaubender Ignoranz nachgekommen. So wurden zum Beispiel während der letzten 40 Jahre durch Überbauung, landwirtschaftliche Nutzung, Flurbereinigung, Flussbegradigung, Trockenlegen von Mooren und anderen Feuchtgebieten, durch das systematische Zuschütten von Klein- und Kleinstgewässern sowie durch die Einleitung von Schadstoffen aus Industrie und Haushalten etwa 85 % der ursprünglich vorhandenen Kleingewässer völlig zerstört, geschädigt oder zum Absterben verurteilt. Es muss leider davon ausgegangen werden, dass mit dem stetig fließenden Strom von Asphalt und Beton, durch Pestizide und wachsende Müllberge sowie durch Grundwasserschwund weitere 10 % innerhalb der nächsten fünf Jahre

Naturteich im *Garten mit attraktiver Uferbepflanzung*

zerstört werden. Die Folgen für die Tier- und Pflanzenwelt liegen auf der Hand: Immer mehr Arten müssen auf die Rote Liste der vom Aussterben bedrohten Arten gesetzt werden. Das Resultat ist für uns äußerst bedrohlich. Neben Klima- und Umweltveränderungen ist das für uns wichtigste Lebensmittel, das Wasser, am meisten gefährdet. Nur 2 % des Leitungswassers werden als Lebensmittel genutzt. 98 % dienen Reinigungszwecken. Der Ruf nach dem Gesetzgeber verhallt ungehört im Sumpf der Durchführungsbestimmungen. In eine stetige Fließbewegung kann dieser Zustand nur durch die Initiative eines jeden von uns gebracht werden. Dem Schutz der Umwelt und dem Artenschutz dient am besten das Praktizieren vor der eigenen Tür. Das Unterschutzstellen noch intakter Areale und ökologischer Nischen kann nur eine Maßnahme sein. Eine weitere sinnvolle Maßnahme ist das Schaffen und Schützen von Biotopen aus Menschenhand. Die notwendige Rückbesinnung wird noch unterstützt durch unseren Wunsch nach einem Stück gesunder Natur vor der eigenen Haustür.

Unsere Kinder lernen am besten mit den von uns überlassenen Resten umzugehen, wenn wir sie erleben lassen, welch beglückendes Gefühl es ist, mit der Natur direkten Kontakt zu haben und erfolgreich Pflanzen und Tiere zu pflegen und zu vermehren sowie das pulsierende Leben im Wasser zu bestaunen. Diese mehr als sinnvolle Altersbeschäftigung hält nachweislich jung!

Wasser einst und heute

Im Urelement Wasser begann alles Leben. Es ist die Quelle, aus der alle schöpfen. Sowohl stetige Verdunstung und Niederschlag als auch die Wasseraufnahme und -abgabe durch die lebenden Organismen unseres Planeten bedingen den Stoffkreislauf in unserer Natur. Seit Menschengedenken kennen wir das Wasser als unser wichtigstes Lebensmittel. Stets haben sich Menschen in Wassernähe aufgehalten. Nur dort, wo es Wasser gab, fanden sich pflanzliche und tierische Nahrung in ausreichender Menge. Wasser war und ist vielen Menschen auch noch heute heilig. Selbst Kriege wurden und werden in naher Zukunft vermehrt um den Besitz von Wasser geführt werden. Von jeher spielt das nasse Element in unserem Dasein auch eine mystische Rolle. Es wird noch heute als Segen und im Katastrophenfall als Fluch empfunden. In vielen Religionen, Kulturen und alten Überlieferungen spielt das Wasser eine wichtige Rolle. Auf Bildern, in unzähligen Gedichten und Liedern finden wir das köstliche Nass bei allen Völkern wieder.

Zur Bewässerung der Nutzgärten, in denen Gemüse und Heilpflanzen angebaut wurden, konnte man meistens auf Regenwasser, natürliches Oberflächenwasser oder Wasser aus artesischen Brunnen zurückgreifen. In Altägypten, Persien, China, Japan, Sri Lanka, im Nahen Osten (Euphrat und Tigris), im antiken Griechenland oder im alten Rom – überall schätzte man schöne Gärten, in denen Wasser das belebende Element war. Gärten mit kunstvollen Brunnen, Bachläufen, Wasserfällen und -spielen, Springbrunnen, Kanälen und Teichen, die Wohlhabende, Fürsten,

***Abendstimmung am** Teich*

Der Schloßpark *Nymphenburg in München, ein Beispiel für das Element Wasser in der Gartengestaltung*

Kaiser und Könige erbauen und pflegen ließen, haben auch bei uns eine lange Tradition. Damals wie heute erkannte man den praktischen, ästhetischen und natürlich auch den repräsentativen Wert dieser herrlichen Anlagen. Die einfache Bevölkerung musste sich mit den mancherorts heute noch anzutreffenden Dorfteichen bescheiden. Während der Renaissance und des Barock wurden große, formvollendete Prachtgärten geschaffen – in denen brausende Fontänen, grandiose Kaskaden, bizarre Wasserspiele oder zierliche, leise rauschende Brünnlein eine beherrschende Rolle spielten. In diesen Werken offenbarte sich der geniale Einfallsreichtum der damaligen Gartengestalter.
Mitte des 18. Jahrhunderts rührte sich in England eine Gegenbewegung, die den heute wieder entdeckten Naturgarten (mit einheimischen Elementen) zum Ziel hatte.
Wenn es um die Gartengestaltung geht, darf man die wundervollen japanischen und chinesischen Gärten nicht vergessen. Sie zeigen am deutlichsten, wie man mit den Strukturelementen Wasser und Stein selbst auf kleinstem Raum – in Verbindung mit ungewöhnlichen Bäumen – die herrlichsten Landschaften nachgestalten kann.
Bedauerlicherweise wurde im Verlauf der Zeit die Gartengestaltung immer mehr durch die sich verändernde Gartennutzung geprägt. Die fortschreitende Industrialisierung, verbunden mit einer großen Landflucht, und das weiterhin ungebremste Wachstum der Städte haben dazu geführt, dass jeder verfügbare Meter Boden zugebaut wurde, ohne Rücksicht auf das Grün um uns herum. Der Wunsch und die Sehnsucht nach einem Stück Natur am Wasser wird vielen von uns jedes Wochenende – vor allem aber im Urlaub – klar, wenn es ganze Völkerscharen an das Wasser zieht, um Erholung vom tristen Grau der Betonwüsten zu finden. Gartenbesitzer haben es da wesentlich einfacher: Sie brauchen ihren Garten nur zu einer Oase mit sattem Grün und plätscherndem Wasser – zu einem Wassergarten – umzuwandeln.

Gestaltung

Planen mit Pfiff und Verstand

Gut planen heißt problemlos zum Ziel kommen! Dazu werden zuerst alle Möglichkeiten, die das Grundstück bietet, sowie erprobte Erkenntnisse bei der Materialbeschaffung und der Bauausführung genutzt und schriftlich erfasst. Im Kreis der Angehörigen wird ein Ideenpool geschaffen und am besten zu Papier gebracht. Außerdem wird der finanzielle Rahmen abgesteckt. Professionell wird auf Millimeterpapier alles Geplante maßstabsgerecht festgehalten und eingetragen. Mit maßstabsgerechten Papiermustern lassen sich interessante Planspiele durchführen. Berücksichtigt und eingetragen werden:

- Wohnhaus mit Ausrichtung der Fenster und der Terrasse

Naturteich

Formaler Gartenteich

- der perfekte Standort für das oder die Gewässer und deren geplante Form, nach persönlichem Stil mit vorgesehenem Geländebedarf
- grundsätzlich so groß wie möglich planen
- beim Schwimmteich auch Filterflächen und -zonen einplanen
- die Teichumgebung für die Teichanschlusszone und Sitzplätze mit Teichblick vom Haus und Garten aus
- vorhandene Bäume und Sträucher einbeziehen
- eventuell geplante Hügel und Beete, die das Gartenbild positiv verändern
- Wege, die bereits bestehen oder erstellt werden sollen
- Zugang oder Zufahrt zum Wassergarten festlegen
- Abstände zum Nachbarn
- vorhandene Stromleitungen und Lichtquellen
- einen Wasseranschluss in Teichnähe
- Platz für den Überlauf
- Plätze für den Aushub einplanen; das verhindert mehrfache Erdbewegung

Weitere Vorbereitungen:

- unbedingt Bodenbeschaffenheit überprüfen. Das heißt, besonders bei Grundstücken, deren Bodenbeschaffenheit man nicht kennt, Probegrabungen vornehmen (nach verdeckten Altlasten forschen).
- alles auflisten, was man zum Bauen an Werkzeugen und Materialien braucht.
- ebenfalls alles auflisten, was man vor Baubeginn entfernen

Materialien und Werkzeuge

- *Teichdichtung (Folie, Fertigteich oder alles zum Betonieren eines Teiches)*
- *gegebenenfalls Bachlauf- beziehungsweise Wasserfallschalen*
- *Wurzelschutzvlies*
- *Bausand für das Teichbett*
- *Steine und Wurzeln zum Dekorieren*
- *Pflanzsubstrat, Pflanzkörbe*
- *Dünger, Wasseraufbereitungsmittel*
- *Abdeckplane*
- *Pickel, Spaten, Schaufel, Rechen*
- *Schubkarre, Erdsieb, Säge, Meißel*
- *eventuell Minibagger*
- *Wasserwaage, 50 m Schnur, Maßband*
- *Dachlatten, Senkblei mit Schnur, Holzpflöcke*
- *Gartenschlauch mit Nebeldüse*
- *Brett (30 bis 40 cm breit, 5 bis 7 cm dick) als Bohle für die Schubkarre*
- *Werkzeugkasten, Arbeitshandschuhe, Schere*
- *eventuell Rüttler mit spritzwassergeschütztem Elektrokabel*

***Ein Teich** ist immer eine Bereicherung des Gartens.*

muss (zum Beispiel Rasen und Gehölze), um zügig voranzukommen.

- wenn es angeraten ist, nützt auch ein Zeitplan (besonders bei Fremdleistungen).
- was können Sie selber leisten und was lässt man besser machen?
- gutes Informationsmaterial zum Thema Wassergarten aus dem Fachhandel besorgen – das hilft beim Planen und Bauen.

Selber bauen?

Lässt man besser nach eigenen Ideen und unter Aufsicht bauen? Diese Frage kann im wahrsten Sinne des Wortes schwerwiegend sein. Je größer und tiefer unser Teich sein soll, desto mehr mühsame Erdbewegungen sind nötig. Ein Beispiel: soll der Teich $3 \times 5 \times 0{,}8$ m messen, so sind immerhin 12 Kubikmeter (über 12 t) Erdreich auszuheben und im Garten zu verteilen. Schweißtreibendes Betonieren ist auch nicht jedermanns Sache. Oft ist es besser, man leiht sich einen Minibagger aus oder vergibt den Auftrag an einen Gartenbaubetrieb. Sämtliche Elektroarbeiten sind in jedem Fall vom Fachbetrieb durchzuführen (FI-Schalter nicht vergessen!).

Der richtige Zeitpunkt

Es kann zu jeder Jahreszeit gebaut werden. Sogar im Spätherbst oder Winter, wenn der Boden frostfrei ist. Optimal ist der Baubeginn, wenn alles (Wetterbericht) darauf hindeutet, dass an den nächsten Tagen keine nennenswerten

Niederschläge zu erwarten sind. Vorteilhaft ist es auch, wenn der Boden nicht zu nass und schwer ist. Es ist günstig, wenn der fertige Teich (auch ohne Pflanzen) sich bis zum Frühjahr setzen und das Wasser über den Winter reifen kann.

Die Formenwahl

Klare geometrische Linien wie Rechteck, Raute, mehreckig oder rund machen den Teich ungewöhnlich – ja auffällig. Solche Teiche haben eine lange Tradition in der Gartenkultur, weil es früher weder ausgeformte Fertigbecken noch variabel anwendbare Teichfolien gab.
Von Vorteil sind solche Formen, wenn der vorhandene Platz relativ klein ist und der übrige Garten ebenfalls mit Geraden oder exakten Kreisen zur klaren Abgrenzung zu den Teichanschlusszonen gestaltet ist. Extravagant wirken auch mehrere formale Teiche in unmittelbarer Nähe. Egal ob rechteckig, eher schmal, lang gestreckt oder rund – mit der Vielfalt geometrischer Formen lässt sich vortrefflich spielen. Beim Anlegen der Einfassung beziehungsweise der Uferbereiche muss jedoch sichergestellt werden, dass ein solches Becken nicht zur tödlichen Falle wird – durch Steilwände und überstehende Platten. Tiere, die ins Wasser fallen, oder Frösche und Molche, die das Laichgewässer verlassen wollen, können solche Stellen nicht überwinden. Dies gilt auch für so genannte Hochteiche – ganz gleich ob Fertig- oder gemauerter Teich.
Leider sieht man solch gestaltete Becken zuhauf in Zeitschriften und auch Büchern auf Fotos und Zeichnungen abgebildet, bei denen jeder Fachkundige sofort erkennt, dass es aus solchen Teichen kein Entkommen mehr gibt. (Siehe auch Kapitel Sicherheit, Seite 43.)
Was passt zum Haus und zum Stil des Gartens? Ideen und Vorschläge: Zu modern gestylten Häusern mit viel Glas, glänzendes Metall und Beton passen die beschriebenen formalen Elemente (gerade und kantig) am besten.
Für das von wildem Wein oder Efeu umrankte ältere Haus (auch zu Holzhäusern) passt zum Beispiel ein Naturteich – auch für naturnahe Gartenbereiche. Ein Naturteich wirkt am besten, wenn die Ufer geschwungen sind. Landzungen, eine Insel oder unterschiedlich tiefe Buchten vermitteln einen Eindruck von Natürlichkeit.
Inmitten alten Baumbestandes könnte ein romantischer Waldteich entstehen – mit einer Baumstammumrandung.
Der Badeteich in Hausnähe braucht viel freien Platz und sollte gut zugänglich sein.
Vorhandene Badebecken lassen sich problemlos zum Kombiteich umrüsten (Bio- oder Klärbecken und Schwimmteich, Seite 27).
Auch für den Themengarten, zum Beispiel mit japanischen oder chinesischen Elementen, passt ein gemauertes Becken, in dem bestimmte fernöstliche Accessoires dominieren. Im Japangarten spielen oft so genannte formale, geradlinige Elemente, die Großes aus der

***Sitzplatz am** Wasser*

***Formale Teiche** mit steilen Ufern brauchen einen Ausstieg für Tiere.*

Natur im Kleinen imitieren, eine bestimmende Rolle.
Kurz gesagt: Der Wassergarten sollte sich in Gestalt, Form, Stil und Materialien harmonisch in Ihr Wohnumfeld einfügen. Gleiches gilt auch für Miniteiche, die selbst im Vorgarten und im kleinsten Reihenhausgrundstück, auf Terrassen, Balkonen oder Hinterhöfen für Atmosphäre sorgen und einen unübersehbaren Blickfang darstellen (Seite 24).

Nierenförmiger Teich *mit Steilufer (links) und Flachwasserzone (rechts)*

Kriterien für die Wahl des Teichbaumaterials:

- *wie variabel lässt es sich verwenden?*
- *gelingt der Einbau leicht und sicher?*
- *braucht man gewerbliche Fachleute?*
- *ist das Material ökologisch unbedenklich?*
- *lässt es sich je recyceln? Mit welchem Aufwand?*
- *kann man den Behälter reparieren?*
- *ist das Material langlebig?*
- *lässt es sich leicht pflegen?*
- *sieht es natürlich aus oder lässt es sich leicht verkleiden?*
- *welche Kosten kommen auf mich zu (inklusive Transport bis zur Baugrube)?*
- *wie lange gibt der Hersteller Garantie?*

Wichtig ist vor allem, dass die Form dem Teichtyp, den Sie sich vorstellen, nicht entgegensteht. Bei einem Fischteich ist zum Beispiel die größere Tiefe sowie eine große Wasseroberfläche und Wassermenge wichtiger als die Formgebung.
Mit der richtigen Platzierung lassen sich Gärten optisch stets zu ihrem Vorteil verändern. So kann man zum Beispiel in einem langen schmalen Garten eine günstige Wirkung erzielen, wenn man einen rechteckigen Teich quer legt und ihn mit einer zierlichen Brücke überspannt.
Brücken können unterschiedlich gestaltete Räume harmonisch zusammenfügen, aber zum Beispiel auch zwei nahe beieinander liegende Einzelteiche in der Mitte so überspannen, dass das Ganze wie ein einziger großer Teich aussieht.

Die richtige Teichtiefe

Wer auch Fische pflegen möchte, sollte den Teich mindestens 80 cm tief bauen. Diese Tiefe ist wichtig, damit die Fische im Winter unter dem Eis überleben können. Und auch im Hochsommer, wenn sich das Wasser stark erwärmt, können sich die Fische und Kleinlebewesen in das kühlere und sauerstoffreichere Wasser der Teichtiefe zurückziehen.

Die Abdichtung

Egal welches Dichtmaterial wie Beton, Folie oder selbst geschaffene glasfaserverstärkte Kunststoffbehälter beziehungsweise industrielle Fertigbecken man verwendet – alle sollen langlebig und dauerhaft dicht sein.

Unterschiedlicher können die angebotenen Roh- und Werkstoffe nicht sein. Da heißt es abwägen, Pro und Kontra gegenüberstellen, um für sich die ideale Lösung zu finden.

Garantieleistungen und Produkthaftung sollten in jedem Fall in die Entscheidung für ein bestimmtes Becken mit einbezogen werden. Es lohnt auch, das Preis-Nutzen-Verhältnis zu beachten. Außerdem lassen sich die Teichbaumaterialien mit unterschiedlicher Technik und unterschiedlichem Aufwand verlegen (Zeit und Handhabung), was in den Entscheidungsprozess einfließen sollte.

Folien sind flexibel zu handhaben, besonders was die Formgebung und unterschiedlich zu gestaltende Zonierung anbetrifft, und nahezu in jedem Gelände einsetzbar. Auch große Tiefen sind realisierbar. Leck gewordene Teiche lassen sich mit modernen Dichtmaterialien wieder flicken. Es gibt sie in Schwarz (die am häufigsten verwendete Folienfarbe), in Braun und Grün.

Beton schafft unverrückbare Tatsachen. Man sollte einen Betonteich, den man sehr variabel gestalten kann, eher von einem Fachbetrieb erstellen lassen. Vergewissern Sie sich, dass genügend rostfreies Armierungsmaterial eingearbeitet wird.

Fertigbecken aus Kunststoff bieten sich auf Terrassen, kleinen Flächen, für den Hochbau (auch in Hanglagen), als Filterbecken und überall dort an, wo der Untergrund sich schlecht bearbeiten lässt. Leider sind die Maße genormt und man ist auf die im Handel angebotenen Größen, Formen und Tiefen festgelegt. Am besten wählt man ein möglichst tiefes Becken mit unterschiedlich gestalteten Zonen und umlaufender Pflanzrinne oder mit integriertem Filter.

Besonders haltbar und stabil sind GFK-Fertigteiche (aus glasfaserverstärktem Polyester-Kunststoff); sie lassen sich wegen des geringen Gewichts schnell verlegen, sozusagen im Handumdrehen. GFK-Teiche kann man gegebenenfalls leicht selbst reparieren (im Reparatur-Set sind ein Stück Glasfasermatte, Harz, Härter, Spachtel und eine Anleitung enthalten).

Größere Fertigteiche sind recht sperrig; man kann sie meist nicht mehr selbst transportieren. Einige Modelle lassen sich nach dem Baukastenprinzip aus Einzelelementen zusammensetzen; sie werden vor Ort verschraubt und verklebt.

Der richtige Platz

Ein Platz für den Teich lässt sich überall finden. Selbst auf kleinstem Raum lässt sich der Traum vom Wasser vor der Tür verwirklichen. Moderne Teichbaumöglichkeiten lassen keinen Wunsch unerfüllt. Ideal ist ein Platz, wo es während der Vegetationsperiode fünf bis sechs Stunden sonnig ist und keine großen Bäume stehen. Der Kronenrand von Laubbäumen sollte sich

***Kiesflächen bieten** vielen Tieren Lebensraum.*

***Üppiges Pflanzenwachstum** am und im Teich.*

beim ausgewachsenen Baum deutlich weiter als 5 m vom Ufer befinden. Nadeln von Kiefern und Fichten sind schwer aus dem Teich zu bekommen, wenn sie erst einmal auf den Grund gesunken sind. Beim Zersetzen werden Säuren frei, die das Wasser negativ beeinflussen.
Zur optimalen Nutzung des zur Verfügung stehenden Geländes ist es hilfreich, am vorgesehenen Standort den Licht- und Schattenverlauf über einen möglichst langen Zeitraum zu beobachten und die Erkenntnisse bei der Platzwahl einfließen zu lassen.
Auch Plätze im Halb- oder Vollschatten – die im ersten Moment eher ungeeignet scheinen – lassen sich notfalls auch noch nutzen. Man muss dann die Schattenlage bei der Pflanzenwahl berücksichtigen.
Ist der Platz vom Wohnzimmerfenster oder der Terrasse aus gut einsehbar, so lassen sich auch bei schlechtem Wetter spannende Szenarien beobachten.
Pfiffig wirkt ein Gewässer auch, wenn nur ein Teil zwischen oder hinter Anpflanzungen hervorlugt. Tiere aller Art fühlen sich an Plätzen, die etwas in Deckung liegen, noch wohler.
Windschutz und Schatten spendende Anpflanzungen werden bei den derzeitigen klimatischen Gegebenheiten immer wichtiger. Deshalb sollte in der Hauptwindrichtung (Ost-Nord-West) beziehungsweise Hauptsonnenrichtung (Süd-Südwest) genügend Platz sein, um – wenn nötig – Stellwände, bepflanzte Kübel oder ähnliches aufstellen zu können, ohne das Gesamtbild groß zu stören.

▸ Wege zum Gewässer

Möglichst geschwungen, mal schmal, mal breiter, sich durch eine hohe Anpflanzung schlängelnd oder durch einen Rosenbogen – auch mit Clematis bepflanzt – das bringt optische Tiefe in das Gelände und kann recht geheimnisvoll wirken.
Grundsätzlich sollen Wege im Garten schwungvoll gewunden um Beete, den Teich oder um den Sitzplatz herum verlaufen. Schnurgerade Strecken wirken langweilig.
Vergessen Sie nicht die floristische Begleitung als Einstimmung rechts und links des Pfades zum Teich.
Ein Wechsel in der Höhe und den Blattfarben beziehungsweise Formen lockert den Weg zum Wasser auf.
Dazu passendes Ambiente in Form von Accessoires (Figuren, Lampen) gibt dem Ganzen den richtigen Pfiff.
Wegplatten und Sitzplatzbelag sollten, um die Harmonie nicht zu stören, aus demselben Material sein. Es lohnt sich, sich im Fachhandel umzusehen, um den idealen Belag zu finden. Das Material muss rutschfest und frostsicher sein und darf nach dem Verlegen weder kippen noch weg- oder abrutschen.
Bei Wegen oder einem Sitzplatz muss alles felsenfest gebaut sein. Es darf nichts überstehen oder zur Stolperfalle werden. Durch zu glatte Oberflächen darf es bei anhaltender Nässe oder Algenbelag nicht zu einer Schlitterbahn kommen.

***Ein Sitzplatz** am Teich – ideal zum Entspannen.*

Büsche und Bäume werden in Augenhöhe zurückgeschnitten.

▸ Ein Sitzplatz mit Perspektiven

Will man der Naturbühne Gartenteich so nahe wie möglich sein, um zwischen lebendem Grün zu relaxen oder interessante Beobachtungen direkt am Wasser zu machen, so empfiehlt es sich, einen Platz direkt am Teich einzuplanen und zu verwirklichen.
Vor Wind und Sonne kann man sich mit natürlichen Schattenspendern (Bambus, Chinaschilf oder Clematis am Spalier) schützen, die in entsprechende rollbare Behälter gepflanzt werden.
Ganz gleich ob gepflasterter Sitzplatz oder als Fertigelement aus Holz: Zum Wasser hin muss ein Handlauf oder stabiles Geländer für den nötigen Halt sorgen.

Teichbau

▸ Das Teichbett vorbereiten

Nachdem man mit Sägespänen, Sand, einem Gartenschlauch oder mit einer kräftigen Schnur die Umrisse des Beckens festgelegt hat, wird mit dem Ausschachten begonnen.
Von der Mitte aus werden die Rasensoden rechteckig mit einem Spaten abgehoben und sofort an den vorgesehenen Platz gebracht. Mit dem Gras nach unten kann man sie kreuz und quer schichten. So verrotten sie schnell zu ausgezeichnetem Humus.
Danach wird Schicht für Schicht des Erdreiches zu den Ufern hin abgegraben. Dazwischen empfiehlt es sich, immer wieder nachzumessen, ob das angestrebte stufenförmige Teichprofil nach Plan gerät. Steilwände sind möglichst zu vermeiden. Bei einem Gefälle von 1:3 (10 cm Tiefe auf 30 cm Länge) bleibt nach Fertigstellung jegliches Substrat auf dem Dichtmaterial besser liegen.
Ist die Tiefenzone erreicht, wird nochmals nachgemessen. Wichtig ist, dass die Ufer auf einer Ebene liegen. Zum Nachmessen kann man eine Schlauchwaage verwenden: Ein durchsichtiger Schlauch wird mit Wasser gefüllt und in das Teichbett gelegt. Der Wasserstand in den beiden Schlauchenden ist stets gleich hoch.
Die Wände werden sorgfältig geglättet. Zur Sicherheit kann man sie und den Grund mit einem Wattebausch abstreifen. Bleibt dabei Watte hängen, kann man Unebenheiten oder kleine Wurzeln oder gar Spitzes erkennen und diesen Gefahrenpunkt eliminieren. Diesen Arbeitsschritt sollte man sehr sorgfältig ausführen. Denn ein einziger übersehener spitzer Gegenstand kann die ganze Arbeit in Minutenschnelle zunichte machen.
Und dort wo der Untergrund zu locker scheint, wird dieser mit einem Stampfer verdichtet.
Wenn man einen Folien- oder Fertigteich anlegen will, gräbt man 10 bis 20 cm tiefer als die vorgesehene Teichtiefe. Dieser Raum wird anschließend mit Feinsand aufgefüllt und verdichtet und eventuell mit Magerbeton bestrichen. So eine Schicht schützt zusätzlich vor mechanischen Schäden aus dem Untergrund.

1. Die Form *markieren.*

Nicht vergessen: Immer wieder nachmessen, ob alles (besonders die Ufer) im Lot ist.
Ist ein Überlauf vorgesehen, darf der Uferbereich an dieser Stelle wenige Zentimeter tiefer als das übrige Profil liegen.

▸ Ein Schutzvlies gibt Sicherheit

Ein Wurzelschutzvlies mag im ersten Moment überflüssig erscheinen, zumal die Folienqualität immer besser geworden ist. Aber viele Risiken tauchen erst im Nachhinein auf. Mäuse- oder Rattenfraß oder deren einbrechende Nester unter der Folie können auch das beste Material gefährden. Das Gleiche gilt, wenn Wurzeln (zum Beispiel von einem Essigbaum, Bambus oder Chinaschilf) das Dichtmaterial erreichen.
Ein Schutzvlies aus reinem Polyester kann die Teichfolie auch gegen spitze Steine, die durch Bodenbewegungen oder Frost nach oben gedrückt werden, oder gegen das Festkleben auf Eis hemmen und so schützen. Testen Sie die Qualität des Vlieses vor dem Kauf mit einem Nagel oder einem Kugelschreiber. Gutes Vlies lässt sich nicht oder nur mit Brachialgewalt durchstoßen.

Folienteich

Je weniger man einem Teich ansieht, dass er von Menschenhand geschaffen wurde, desto besser fügt er sich in das übrige Gartenbild ein. Mit einer Folie als Dichtmaterial lassen sich alle Größen, beliebige

2. Die Grube *ausheben.*

3. Vlies und *Folie verlegen.*

Der Teich *nach einigen Jahren.*

Formen, strukturierte Pflanzzonen, eine Insel oder Landzungen sowie jede Tiefe problemlos gestalten.
Folien sind universell einsetzbar – auch dort, wo das Gelände andere Bautypen ausschließt. Die Vorteile von Folie liegen auf der Hand: sie ist dauerhaft, flexibel, weich und leicht zu verlegen. Selbst Reparaturen lassen sich relativ problemlos direkt vor Ort durchführen.
Im Fachhandel gibt es PE-Folien, die aus umweltverträglichem Polyethylen hergestellt sind und eine spezielle Klebetechnik benötigen. PVC-Folien aus Polyvinylchlorid gibt es in den Farben schwarz, erdbraun und grün. Sie werden am häufigsten verwendet. EPDM-Folien bestehen aus Kautschuk. Sie sind extrem dehnbar und absolut reißfest, kosten aber mehr.

Alle Folien sollten hohe Qualitätskriterien erfüllen:

- die Garantie sollte über 10 Jahre hinaus gelten. Es werden im Fachhandel bereits Folien mit 15- bis 20-jähriger Garantie angeboten!
- Formbeständigkeit und Dichte fallen unter die Garantie (einwandfreie Verlegung vorausgesetzt!)
- UV-und Frostbeständigkeit, Wurzel- und Reißfestigkeit sind ebenfalls wichtige Qualitätsmerkmale
- gute Folien müssen den DIN-Normen entsprechen
- sie müssen umweltverträglich und recyclingfähig sein und dürfen keine Schadstoffe enthalten
- je elastischer sie in Längs- und Querrichtung sind, desto besser lassen sie sich verlegen; sie bleiben in Form und dicht
- Folien mit geriffelter oder körniger Oberfläche haben den Vorteil, dass sie schneller Patina ansetzen, weil sich Mikroorganismen leichter ansiedeln können
- sie lassen sich problemlos entsorgen
- Die beste Qualität ist gerade gut genug!

Folien gibt es als Rollenware in Breiten von 2 m bis zu 8 m und 20 m Länge. Sondermaße kann man sich anfertigen lassen. Sie können aber im Verhältnis zur Normgröße teurer sein. Unbedingt Angebote einholen!
Alternativ kann man den Folienbedarf abmessen, wenn die Grube für den Teich ausgehoben ist: Eine

Schnur wird im Teichbett längs beziehungsweise quer ausgelegt, genau dem Bodenprofil folgend; am Rand werden noch 50 cm zugegeben. Jetzt kann man die Schnur einfach abmessen und erhält die Maße der Folie.

Großflächigere Folien sollten von einem Fachbetrieb fertig verschweißt und verlegt werden. Bei Großanlagen empfiehlt sich eine sehr gute Kautschukfolie.

Die **Folienstärke** richtet sich nach der Teichgröße und -tiefe und der mechanischen Beanspruchung (auch nach dem Untergrund). Eine Stärke von 0,5 mm reicht aus für einen Teich unter 8 m² Wasseroberfläche. Auf der sicheren Seite sind Sie, wenn Sie sich für eine Folienstärke von 1 mm entscheiden. Auch für leck gewordene Teiche aller Art reicht eine Folienstärke von 1 mm als Auflage auf die alte Folie. Auf diese Weise kann man auch einen Betonteich mit Haarrissen oder ein ehemaliges Schwimmbecken reparieren.

Folienbedarfsberechnung für einen 6 × 4 m großen und 1 m tiefen Teich:

Geplante Oberflächenlänge	*= 6 m*
+ Teichtiefe 1 m × 2	*= 2 m*
+ Teichränder 0,5 m × 2	*= 1 m*
Benötigte Folienlänge	***= 9 m***
Geplante Oberflächenbreite	*= 4 m*
+ Teichtiefe 1 m × 2	*= 2 m*
+ Teichränder 0,5 m × 2	*= 1 m*
Benötigte Folienbreite	***= 7 m***

***Ein Vlies** unter der Folie verhindert Beschädigungen.*

***Ein Teich,** der direkt ans Haus grenzt, muss besonders gut zum Fundament hin drainiert und abgedichtet werden.*

Es empfiehlt sich, bereits beim Folienkauf das passende Reparaturset gleich mit zu kaufen (Folienstück, Kleber, Versiegelung und Gebrauchsanweisung).

Folienverlegung Damit sich die Teichfolie problemlos in die Teichgrube einlegen lässt, wird sie erwärmt; das macht sie weicher und geschmeidig. Man lagert die Folie an einem warmen Platz, zum Beispiel an einer Heizung oder im Heizungskeller, oder breitet sie kurz in der Sonne aus (Vorsicht, dass der Rasen darunter nicht verbrennt). Mit genügend Helfern wird die Folie dann an den Rändern gefasst, über die Grube gehoben und vorsichtig abgesenkt.

Für eine Einzelperson ist diese Arbeit viel schwerer, denn die Folie

***Schon nach** wenigen Jahren ist ein Folienteich nicht mehr von einem natürlichen Gewässer zu unterscheiden.*

für einen 20 m^2 großen Teich kann um die 50 kg wiegen. Am besten breitet man die Folie aus und faltet sie so, dass sie von der Teichmitte nach außen hin wieder aufgefaltet werden kann.
Die Falten werden mit den Händen geglättet. Sie beeinträchtigen übrigens nicht die Haltbarkeit der Folie! Die Folie sollte am Teichrand überall 30 bis 50 cm überstehen, denn beim Füllen des Teiches rutscht sie erfahrungsgemäß noch etwas nach innen. Der Rand wird erst dann abgeschnitten, wenn die Ufer richtig gesichert sind.

Uferbereiche richtig anlegen

Liegen die Folie oder das Fertigbecken gut eingebettet, und ist Wasser zugelaufen, so werden wir nach einigen Tagen, wenn sich alles gesetzt hat, daran gehen, die Ufer fertig zu stellen.
Dabei wird jeglicher Kunststoff verdeckt. Wichtig ist es, für eine Kapillarsperre zu sorgen.
Folienenden müssen stets zwischen Steinen eingekeilt nach oben ragen (je höher, desto besser). Freiliegende Folienteile können spröde und brüchig werden (durch starke Sonne oder auch Eisgang) und sich außerdem stark erhitzten. Die Enden lassen sich innen wie außen mit Steinen oder Wurzelstubben kaschieren. Dadurch werden sie vor mechanischer Belastung, aber auch vor Witterungseinflüssen geschützt.
An Mauern werden die Folienränder mit Uferprofilleisten aus Metall befestigt (gibt es im Fachhandel). Böschungsmatten können dort Verwendung finden, wo das Ufer etwas zu steil geraten ist. Bei der Verlegung von diesen Ufermatten unbedingt darauf achten, dass ihre Enden innerhalb des Dichtungsmaterials liegen (Kapillarsperre).
Eine dauerhafte Zugbelastung der Folie ist unbedingt zu vermeiden!

Checkliste Ufer

- *ein Unterspülen der Ufer ist zu verhindern*
- *Ufer, die in Richtung Haus oder zum Nachbarn liegen, bedürfen einer zusätzlichen Sicherung durch einen Sickergraben, damit ein Überlaufen verhindert wird; den Überlauf stets in eine andere Richtung leiten*
- *dies gilt auch für eine anschließende Feuchtzone*
- *ist eine Feuchtwiese eingeplant, so ist an dieser Stelle eine Kapillarwirkung oder ein Überlauf erwünscht; dann heißt es aber die steten Wasserverluste auszugleichen und mittels Schwimmschalter den Wasserzulauf zu steuern*
- *Wasserverluste vermeidet man, wenn man die Ufer des Öfteren kontrolliert und überleitende Pflanzenteile oder Wurzeln sofort entfernt*
- *bei gesandeten Folien können Moos oder Fadenalgen Wasser wie ein Schwamm ansaugen und so zum Abfließen bringen; am besten wird die Folie regelmäßig mit einem Hochdruckreiniger abgesprüht*

***Fertigteich am** Haus*

TIPP

Vor dem Füllen des Teiches notiert man den Stand der Wasseruhr. So lässt sich die Füllmenge leicht ermitteln. Man braucht sie, um Heil- oder Pflegemittel richtig dosieren zu können. (Um den Wert nicht zu verfälschen, sollten während des Füllens anderweitig keine größeren Wassermengen verbraucht werden.) Am besten lässt man das Wasser über einen Schlauch oder eine Gießkannenbrause in den Teich laufen.

Kunststoffufer (von Fertigteichen) werden so abgedeckt und bepflanzt, dass das Wasser nicht nach außen gesogen wird. Außerdem dürfen Kunststoffufer nie frei liegen, weil sie sich stark aufheizen und Tiere daran zu Schaden kommen können.

Folienreste sinnvoll nutzen Bleiben beim Bau eines Folienteiches Rand- oder Überstandreste über, so muss man diese nicht entsorgen, sondern kann viel damit anfangen. Sie lassen sich zum Beispiel zum Abdichten leckender Behälter verwenden. Oder man kann mit größeren Folienresten eine gute Dichtung herstellen, um darauf eine Sumpfwiese anzulegen oder in einem Rhododendronbeet das Wasser möglichst lange im Pflanzenbereich zu halten.

Man kann Folienreste auch als Unterlage für Findlinge, die im Uferbereich platziert werden, verwenden. Oder der Rest wird als zusätzliche Kapillarsperre am Teich- oder Bachufer eingebracht.

Ein Sickerschacht für alle Fälle Bei Starkregen wird es

***Die Auswahl** an verschiedenen Fertigbecken lässt keine Wünsche offen.*

immer nötiger, überlaufendes Wasser in geregelte Bahnen zu leiten. Am besten wird ein Sickergraben oder ein Sickerschacht an eine Teichseite gebaut.
Eine Grube von 1 bis 1,5 m × 0,5 bis 1 m (je nach Teichgröße) wird bereits beim Bau mit ausgehoben. Der Bodengrund darin wird mit einem großkalibrigen Bohrer angebohrt und dann mit groben Kieseln (5 bis 10 cm Körnung) wieder aufgefüllt. Eine solche Stelle dient nicht nur der Sicherheit, zwischen den Steinen kann im feuchten Untergrund auch eine große Anzahl von Tieren überwintern (zum Beispiel Molche oder Kröten). Unter dem Überlauf lässt sich auch eine Zisterne aus Kunststoff deponieren, in der überlaufendes Wasser aufgefangen wird, um bei großer Trockenheit wieder in den Teich zurückgepumpt zu werden. Ein Folienrest kann, trichterförmig gefaltet, das Wasser über ein Kiesbett in die abgesenkte Zisterne leiten.

Trockene Bereiche *und eine Sumpfzone – aus dem Fertigteich wird ein Biotop.*

Fertigteich

Steht wenig Platz zur Verfügung oder lässt der Boden keine andere Bauweise zu (zum Beispiel stark steiniger Untergrund oder eine Hanglage), sind Fertigschalen aus thermoplastischem Kunststoff (auch aus glasfaserverstärktem Polyester oder Polyethylen) auch für Miniteichanlagen oder einen Moorteich ideal.
Beim Kauf achtet man darauf, dass das Fertigbecken verwindungsfest ist beziehungsweise über wulstgesicherte Ränder verfügt. Von großem Vorteil ist es, wenn die Ufer als Drainagegraben gestaltet sind. Vor allem soll das Becken möglichst tief sein und über abgestufte Pflanzzonen verfügen. Eine große Tiefe (möglichst 80 cm) ist wichtig: In strengen Wintern friert das Wasser erfahrungsgemäß bis zu einer Tiefe von 50 cm sehr schnell durch. Die Folge: viele heikle Seerosen, aber auch Kleintiere oder Fische frieren mit ein und nehmen Schaden oder sterben ab.
Ansonsten taugen Fertigbecken zur Ergänzung bestehender Teiche, als Wasserauffangbecken für einen Bachlauf oder als Klärbecken, das als Filter vor einen größeren Teich gesetzt wird.
Alle guten Fertigbecken sind mit einer Garantie versehen, die die Dichtigkeit für mindestens zehn Jahre garantiert.

Fertigteich – Schritt für Schritt einbauen

- Teichschale auf den vorgesehenen Platz stellen, mit einem Senklot den Uferrand nach unten messen und dabei den Umriss mit Sägespänen oder Sand markieren
- um den vorgezeichneten Umriss einen um 10 cm erweiterten Umriss markieren
- Pflöcke auf die Höhe der erforderlichen Tiefe und auf Höhe der Pflanzzonen zurechtschneiden und an den entsprechenden Stellen (am besten mittig) bündig in den Boden treiben. So gräbt man

nicht zu tief; auf Bodenhöhe angekommen, gräbt man dann noch etwa 10 cm weiter
- beim Ausschachten entsprechend der Form nachmessen beziehungsweise die Wasserwaage einsetzen
- Boden und Seiten des gegrabenen Loches gründlich säubern
- auf dem Boden 10 cm Feinsand einbringen, verfestigen; von Vorteil ist es, wenn man den Boden und die Seitenbereiche mit 5 cm dicken Styroporplatten auslegt (Kälteisolierung); zumindest den flachen Beckenrand sollte man mit Styropor unterlegen
- Becken stets gerade (in der Waage) einsetzen
- nachmessen und das Becken etwa 30 cm hoch mit Wasser füllen
- die Seiten und Hohlräume mit Sand (dem man bis zu 30 % Aushub zumischen kann) auffüllen und mit dem Wasserschlauch vorsichtig einschlämmen. Das Becken darf dabei keinesfalls aufschwimmen
- Stufe für Stufe wird so verfestigt; dabei auch immer wieder Wasser bis zur Höhe der Verfüllung in das Becken zulaufen lassen
- immer wieder mit einer Wasserwaage auch in Längsrichtung nachmessen (auf lange Dachlatte legen)
- die Uferwülste sind ebenfalls gut zu unterfüttern

Moorteich

Romantisch und nicht schaurig – nur schön: So kann ein Minimoor wirken. Beim Bau geht man wie beim Teichbau vor. Eine gute Teichfolie dient zum Wasserstau und zur Aufnahme des sauren Weißtorfes (gibt es im Fachhandel in Säcken bis zu 250 Liter).

In den Folienbereich kommt ein kleinerer Behälter, der als Teich fungiert. Um Torf zu sparen und als Wasserreservoir werden auf den Boden und rund um das Wasserbecken entsprechend große Blumentöpfe aus Plastik oder ausrangierte Eimer, deren Boden gelocht ist und die am Rand rundherum mit Löchern versehen wurden, mit der offenen Seite nach unten auf den Boden gesetzt. Darauf kommt ein Teichvlies, welches verhindert, dass feiner Torf das Wasserreservoir verschlammen lässt. Können im Gartencenter gar Torfsoden erstanden werden (wenn zum Beispiel Heidedekorationen nach der Saison abgebaut werden), lassen sich hübsche, naturnah wirkende Bereiche modellieren. Das Ganze lässt sich hübsch mit winterharten Moorpflanzen ausstatten. Sicherzustellen ist, dass man immer genügend Regenwasser zur Verfügung hat, um das Moor vor dem Austrocknen zu bewahren. Denn weitaus die meisten Moorpflanzen gehören zu den kalkfliehenden Gewächsen, die zudem keine herkömmlichen Dünger vertragen.

TIPP

Ein möglichst hoher Blumentopf mit Abzugsloch wird mit dem Boden nach unten in den Torf gedrückt. Er zeigt uns dann immer den Wasserstand beziehungsweise die vorhandene Feuchtigkeit in unserem Minimoor an.

Moorteich

***Umgekehrte Blumentöpfe** als Wasserreservoir.*

Pflanzvorschlag für ein etwa 4 bis 6 m² großes Minimoor

für den Landteil
1 Portion Torfmoos (*Sphagnum* sp.)
2 Zwergigelkolben (*Sparganium minimum*)
2 Wassernabel (*Hydrocotyle vulgaris*)
4 Sonnentau (*Drosera* sp.)
2 Fettkräuter (*Pinguicula* sp.)
4 Schlauchpflanze (*Sarracenia* sp.)
1 Venusfliegenfalle (*Dionea muscipula*)
3 Wollgras (*Eriophorum* sp.)
1 Rosmarinheide (*Andromeda polifolia*)
2 Moorheiden (Glockenheide, *Erica tetralix*)
1 Moosbeere (*Vaccinium oxycoccus*)
1 Krähenbeere (*Empetrum nigrum*)
1 Moltebeere (*Rubus chamaemorus*)
1 Kriechweide (*Salix repens*)
1 Sumpfporst (*Ledum palustre* oder *L. groenlandicum*)
1 Zwergbirke (*Betula nana*)

für den Wasserteil
1 Sumpfdotterblume (*Calla palustris*)
1 Portion Wasserschlauch (*Utricularia vulgaris* oder *U. minor*)
1 Portion Froschbiss (*Hydrocharis morsus-ranae*)
1 Wasserfeder (*Hottonia palustris*)

Die Sonnentauarten sind wie die meisten Moorpflanzen streng geschützt und dürfen, wie alle andern Pflanzen, nicht der Natur entnommen werden. Es gibt sie als Nachzuchten bei Spezialgärtnern.

***Hochteiche brauchen** eine Ausstiegsmöglichkeit für Tiere.*

Ein solches wirkt nicht nur im Minimoor äußerst attraktiv, es lassen sich bei vielen der Fleisch fressenden Pflanzen (Insektivoren) auch interessante Beobachtungen machen.
Selbst Zwerg-Rhododendren und Zwergheiden können, je nach zur Verfügung stehendem Platz, zum faszinierenden Blickfang werden. Rhododendron und Heide wollen aber nicht im staunassen Torf stehen. Sie lieben zwar den sauer reagierenden Boden, aber man sollte sie in ein Gemisch von 80 % Quarzsand (1 bis 3 mm) und 20 % Fasertorf leicht erhöht ansiedeln. Knorrige Wurzelstücke geben solch einem ausgefallenen Gebilde erst den letzten Schliff.

Teiche im Hochbau und am Hang

Hanggärten gelten als schwierig zu gestalten; besonders, wenn man auf Wasser nicht verzichten möchte. Idealerweise kann man jedoch das vorhandene Gefälle zum Bei-

TIPP

Wasser in Hanglage muss man immer beobachten. Es muss unbedingt sicher in seinem gefassten Bett bleiben. Sonst entwickelt es eine unvorhersehbare Eigendynamik und kann, selbst bei Kapillarverlusten, zum Ärger werden, wenn es zum Beispiel in Richtung eines Gebäudes fließt oder sickert.

***Miniwassergarten auf** dem Balkon*

spiel für einen Bach, eine Quellanlage oder einen nach dem vorhanden Platz zugeschnittenen Teich nutzen. Fertigbecken eignen sich besonders gut, um einen Hang zu verschönern.
Das Wasserbecken sollte immer am Hangfuß platziert werden. Nötigenfalls schafft man dort durch entsprechende Abgrabung eine Fläche. Wenn es der Untergrund zulässt, sollte das Becken so weit wie möglich von der Talsohle entfernt in eine Grube gesetzt werden. Beim Hochbau ist die talseitige Auflagefläche bombensicher zu verfestigen, eventuell mit stabilen L- oder U-Steinen aus Beton.
Immer wichtig: möglichst keine Abstände zwischen Beckenwand und Teichgrube lassen. Je enger, desto sicherer. Zum Auffüllen der Hohlräume verwendet man Sand, mit Magerbeton vermischt. Auf der Hangseite wird eine so genannte Sickerrinne angebracht, die ein Unterspülen vom Hang aus verhindert. Deren Ablauf wird zu einem Siel geleitet. So ist auch sichergestellt, dass das vom Hang ablaufende Wasser keine schädliche Stoffe wie Dünger in den Teich spült.
Wenn der Untergrund es partout nicht zulässt, dass man in die Tiefe gräbt, empfiehlt sich ein Hochbau: das Becken wird auf eine ebene Fläche gestellt und der Raum unter den Flachwasserzonen und um das Becken herum mit geeigneten Bausteinen oder Palisaden stabilisiert. Die Auflagefläche sollte man absolut gerade machen, am besten aus Beton. Auch hier eignen sich so genannte L- oder U-Steine als Bett. Diese lassen sich recht natürlich verdecken, zum Beispiel mit Ziegelsteinen (mit Patina). Eine gut betonierte Felssteinmauer (Pflanznischen in Form von Blumentöpfen einarbeiten) kann, soweit der Platz vorhanden ist, ebenfalls einen Hochteich sichern und bei gut geplanter Bepflanzung zur absoluten Zierde machen.

Miniwassergarten

Sie verfügen über einen kleinen Garten, einen knapp bemessenen Vorgarten oder nur über eine Terrasse oder einen Dachgarten in luftiger Höhe? Dann brauchen Sie trotzdem nicht auf Wasser vor der Tür oder blühendes Grün und sprudelndes Nass zu verzichten. Selbst auf einem Balkon oder in einem Hinterhof lassen sich Wasser und Pflanzen platzieren. Je größer der Miniwassergarten ist, umso leichter wird es möglich, auch kleine Fische zu pflegen.

***Exotische Pflanzen** müssen im Winter ins Haus.*

Mit einfachsten Mitteln, Fantasie, Geschick und eigener Kreativität gelingt es leicht, eine kleine Oase im Miniformat zu zaubern. Die Lage des Platzes spielt dabei eine geringe Rolle. Auch für ungünstige, schattige Standorte gibt es Pflanzen, die sich dort wohl fühlen. Am besten wählt man schwachwüchsige Arten aus und setzt mit außergewöhnlichen Pflanzen Akzente.
Die Auswahl an Becken ist nahezu grenzenlos. Nur absolut dicht und nicht zu schwer sollte der Behälter sein und es darf nichts überlaufen. Plastikgefäße aller Art und hübsch geformt, oder Becken aus leichtem Metall (kein Kupfer oder Zink) oder kleine Holzfässer eignen sich ebenso wie Aquarien. Holzfässer müssen gründlich gereinigt werden. Gegebenenfalls werden sie, wie alle Metallbehälter, mit 0,5 mm

Bauanleitung für den Miniteich

- *eine (rollbare) Holzkiste mit einem wasserfesten Anstrich gegen Feuchtigkeit versehen*
- *die Holzkiste mit dünnen Styroporplatten (0,5 bis 1 cm) auslegen*
- *die Kiste zur Sicherheit mit 0,5 mm dicker Teichfolie faltenfrei auslegen*
- *ausgewähltes Becken einbringen*
- *rund um das Becken eine 10 cm dicke Schicht Blähton einbringen und mit Teichvlies bedecken*
- *Pflanzbehälter herumsetzen und mit Teichsubstrat auffüllen*
- *kleinbleibende Wasserpflanzen in Minikörbe setzen (gibt es im Fachhandel)*
- *Becken- und Kistenränder mit Leisten aus Styropor und Wurzeln verkleiden*
- *die Bepflanzung wirkt besonders gut, wenn man sie wie eine Bühne gestaltet: hinten die hohen Pflanzen, Solitäre in die Mitte und niedrige Gewächse nach vorne*
- *auch zur Schattierung lassen sich Töpfe entsprechend platzieren*
- *geeignete Pflanzen sind im Pflanzenteil (Seite 103) beschrieben*

***Lieber einen** kleinen als keinen Teich!*

starker Teichfolie ausgelegt. Am Fuß einer Pflanzspirale kann man ebenfalls ein Wasserbecken platzieren.

Um die Wasserstelle herum lassen sich vortrefflich Pflanzen aller Art (zum Beispiel auch kleine japanische Ahornarten) platzieren.

Ideal lässt sich unser Miniwassergarten in einer fahrbaren Kiste anlegen. Dieses System eignet sich auf dem Balkon oder einer Terrasse am besten. Ganz toll sieht ein kleiner Wasserfall aus (gibt es im Fachhandel fix und fertig zu kaufen) oder ein kleiner Springbrunnen.

Wer nicht auf Fische verzichten will, dem stehen so genannte **Orandas** zur Verfügung. Sie lassen sich gut pflegen und im Winter kommen Sie in ein Aquarium in die Wohnung.

Auf die Statik achten! Parterre gibt es natürlich kaum Probleme, wenn der Boden eben und nicht unterkellert ist. Kleine Fertigteiche lassen sich daher nahezu problemlos im Hochbau auf einer Terrasse oder zur Zierde eines Eingangs verwenden. Auf dem Balkon gilt es einiges zu bedenken. Ordentlich gebaute und einwandfrei erhaltene Balkone weisen meist eine Tragfähigkeit von 200 kg pro m² auf. Rechnen Sie zum Gewicht des gefüllten Beckens (pro Liter 1 kg) noch 50 bis 100 kg Substrat und das Gewicht der bepflanzten Gefäße hinzu.

Es empfiehlt sich immer, den Architekten, Bauherrn, Vermieter oder Hausverwalter wegen der Belastbarkeit des Bodens zu kontaktieren, um auf der sicheren Seite zu sein.

Betonteich

Beton schafft zwar unverrückbare Tatsachen, aber ein korrekt gebauter Betonteich ist äußerst haltbar und langlebig. Ein Betonteich ist deshalb gut zu planen und am besten von fachkundigen Arbeitern anzulegen.

Je sorgfältiger man ausschachtet, desto besser gelingt der Bau. Auch hier gräbt man 10 bis 15 cm tiefer als die angepeilte Teichtiefe. Das vorgesehene Bett muss absolut sauber und ganz stark verdichtet sein. Je unveränderlicher der Untergrund gemacht wird, desto weniger kann der Beton Schaden nehmen. Zur Sicherheit gehört auch die richtige Stärke der Betonwand. Am besten wählt man eine Stärke von 10 bis 15 cm oder noch besser von 20 cm. Innerhalb der Betonwände sorgt die unverzichtbare rostfreie Baustahlarmierung für den nötigen Halt.

Für das Mischen und Betonieren müssen einige fleißige Helfer zur Hand sein – eher mehr als zu wenig, denn Beton muss zügig verarbeitet werden. Stückeln ist – um Rissen zu vorzubeugen – unbedingt zu vermeiden. Beton härtet sehr schnell und verbindet sich dann mit dem Mutterboden schlecht. Steilufer oder -wände müssen geschalt werden.

Beim Betonieren sollte es nicht regnen und das Wetter auch frostfrei und nicht heiß sein. Bei Regen wird der ausgebrachte Beton notfalls mit einer Plane abgedeckt, bei großer Hitze befeuchtet. Ansonsten verfährt man wie folgt:

***Die Uferbereiche** des Betonteichs bekommen im Laufe der Zeit eine Patina und fallen nicht mehr so stark ins Auge.*

- Armierungseisen zuschneiden und bereitlegen
- Beton im Mischer im Mischungsverhältnis von 1:3 anrühren, bis die Konsistenz so dick ist, dass der Beton liegen bleibt und nicht läuft
- Das so gemischte Material ist sofort in einem Zug von innen nach außen innerhalb einer Stunde einzubringen. Die Armierungseisen werden dabei 5 bis 7 cm mit Beton bedeckt
- Im unmittelbaren Uferbereich sollen sie über den Teichrand hinaus nach außen verlegt und von Beton umhüllt werden, weil Teichränder, an denen Wasser auf den Uferrand trifft, immer zu Problemzonen werden
- Nach dem Antrocknen wird der Betonteich mit streichfähig angerührtem Zement zwei Mal gestrichen
- Wenn der Beton völlig trocken ist, wird innen alles mit ISO-Grund gestrichen (versiegelt)
- Vor der Erstfüllung wird der Teich gut gewässert und dann das Schmutzwasser wieder abgepumpt

***Schwimmteich mit** Filterzone*

Schwimmteich

Ein Teich mit Doppelnutzen – zum zierenden Element kommt der chlorfreie Badespaß. Viele Gartenbesitzer wollen weder auf ein erfrischendes Bad noch auf die zierende Wasserfläche verzichten. Eine Voraussetzung ist, genügend Platz zu haben: 70 bis 100 m² Fläche für den Schwimmteich und die Teichumgebung inklusive Filterteich sollte man schon rechnen.
Es lässt sich jedes Badebecken zu einem Kombiteich umgestalten und auch jeder große Zierteich zum Schwimmteich. Auf das wunderbare Flair eines Wassergartens braucht man dabei keinesfalls zu verzichten. Dabei gilt es aber einige Grundsätze zu beachten:

- um schwimmen zu können, sollte auf 40 bis 60 % der Fläche eine Wassertiefe von 1 bis 2,5 m vorhanden sein
- mindesten 70 m² Fläche sollten es schon sein
- eine windgeschützte Lage ist von Vorteil
- die Kronen von Laubbäumen sollten mindestens 10 m vom Gewässer entfernt sein
- die Filter- beziehungsweise Regenerationszone muss etwa 50 bis 60 % der zur Verfügung stehenden Wasserfläche betragen
- eine gute Umwälzpumpe ist das A und O des Erfolgs; dazu kommen noch ein Skimmer sowie Ab- und Zulauf
- Stege und Leitern einplanen
- eine gute Beratung ist unumgänglich
- man muss auf jegliche Chemie (Produkte, die klares Wasser versprechen) im Wasser verzichten
- außer im Regenerationsbereich bleibt der Bodengrund substratfrei
- die nötige Pflege umfasst regelmäßiges Säubern, rigoroses Abfischen von Eintrag und unbedingten Duschzwang vor der Benutzung des Schwimmbereichs; der Filterbetrieb ist jederzeit – auch und besonders während der Nutzung – zu gewährleisten
- auf Sonnenöl und fettige Körperpflegemittel muss man verzichten
- eine ausgewählte Bepflanzung des Filterbereiches (Regenerationsbereich) kann relativ klares Wasser garantieren, wenn der Durchfluss stetig, aber relativ langsam erfolgt
- je größer der Filterteich (Regenerationsbereich) ist, desto besser bleibt die Wasserqualität
- ein zusätzliches externes Mehrkammerfiltersystem oder ein Bachlauf, der über ein Klärbeet geleitet wird, kann den Regenerationsbereich entlasten und unterstützen.

***Strom und** Wasser – eine Kombination, die besondere Aufmerksamkeit und Vorsicht verlangt.*

Strom im Gartenteich

Beim Einsatz von Elektrizität ist im Schwimmteich besondere Aufmerksamkeit geboten. Da Strom von 230 Volt tödlich sein kann, muss man auf Geräte, die mit dem Wasser in Verbindung stehen, verzichten. Es empfehlen sich Solarlampen und -pumpen und elektrische Gerätschaften, die mit einem Trafo zur Spannungsminderung ausgerüstet sind. Alles, was in der Nähe des Schwimmteichs mit Elektrizität zu tun hat, muss zu Ihrer eigenen Sicherheit mit einem FI-Schalter gesichert sein.

Ein Bachlauf im Garten

Bewegtes Wasser bringt Leben in den Wassergarten. Dort, wo es plätschert, gluckst und rauscht, fühlen wir uns angezogen. Erst bewegtes Wasser wie eine sprudelnde Quelle, ein Wasserfall, Wasserspiel oder der mäandernde Bachlauf bieten zur Optik unseres Wassergartens das wunderbare Klangbild, das wir zum absoluten Wohlgefühl brauchen.
Fließendes Wasser ist die schönste Alternative oder auch Ergänzung zu einem Teich. Wie in der Natur genießen wir es besonders, wenn alles im Fluss ist.

Eine Quelle steht am Anfang Der Ursprung ist immer eine Quelle – in welcher Form wir sie auch in unserem Garten nachstellen. Quellen haben etwas Geheimnisvolles und Archaisches. Gestalten Sie dieses Element nach ihrem Empfinden, Geschmack und Geldbeutel.
Im Fachhandel gibt es viele Möglichkeiten, dem Wasser zum Leben zu verhelfen.
Ganz gleich, ob Sie das kostbare Nass aus einem Brunnen, über eine Schale oder einen Quellstein (gibt es in vielen Größen, Formen und Materialien) sprudeln lassen – wichtig ist nur, dass kein Tropfen verloren geht. In jedem Fall auf eine gute Kapillarsperre achten und auch darauf, dass der Wind nichts über das Quellbecken hinauswehen kann!
Lediglich auf weichen Kalktuff sollte man verzichten, weil er schnell zerfällt und das Wasser zu sehr mit Kalk anreichern kann.

***Sprudelsteine sorgen** für ein sanftes Klangbild.*

***Plätschernder Bachlauf** am Hang.*

Für unverbesserliche Romantiker gibt es zur Quelle noch ein Gerät, das auf Wunsch zauberhaften Wassernebel verbreitet – mit unvergleichlicher Wirkung bei Licht oder in der blauen Stunde der Dämmerung.

Schönheit und Nutzen Von der Quelle aus fließt das Wasser über eine kurze oder auch längere Strecke, um in ein Auffangbecken zu münden. Dies ist die natürlichste Variante.
Auch wenn Kleinkinder im Haus sind, muss man auf Wasser im Garten nicht verzichten: Dann kann der Wasserlauf in einem Fertigbecken (gibt es in verschiedenen Größen im Fachhandel) enden, das mit großen Kieselsteinen verfüllt ist. Der Verlauf bis zum Becken lässt sich vielfältig als reiner Klangkör-

per oder als Tränke, die durchfluteten Kolke oder starken Strömungsbereiche als Lebensraum und Kinderstube für verschiedene Tiere gestalten. Eine solche Strecke lässt sich je nach Platz und Geschmack in Form eines Bachs als Wasserfilter (Bach mit Kiesschüttung) oder als Naturausschnitt (pflanzenreicher Sickergraben) gestalten.
Kleine, natürliche Fliessgewässer gibt es in der Natur noch weniger als größere Wasseransammlungen. Wir bieten also eine echte Bereicherung: einen Lebensraum im Bach für verschiedene Wasserinsekten wie Stein-, Eintags-, oder Köcherfliegen, um nur einige aufzuzählen. Sie fliegen unserem Gewässer übrigens instinktgeleitet zu.

Baumaterialien

Als Baumaterialien eignen sich Folienbahnen, die es auch sandbeschichtet gibt, Fertigteichschalen oder auch Beton. Mit Folienbahnen lassen sich jegliche Bachformen und -verläufe am besten bauen. Vorgefertigte Schalen in unterschiedlichen Tiefen gibt es aus Kunststoff, auch zum Zusammenstecken. Sie ermöglichen bei richtigem Einbau auf verfestigtem Untergrund durch eine stufige Anordnung und unterschiedliches Gefälle einen langsamen oder schnellen Bachlauf sowie attraktive Kaskaden.
Beim Bachbau mit Beton ist darauf zu achten, dass Armierungsgitter im Beton verlegt werden, da er sonst im Winter bei Frost oder bei einem Absacken des Bodens reißt und der Bachlauf Wasser verliert. Mit Kieselsteinen unterschiedlicher Größen, faustgroßem Geröll oder gar Findlingen – je nach Platz – ist es möglich, den Bach fantasievoll und abwechslungsreich zu gestalten. Richtig angeordnet gelingt es, den Lauf des Wassers zu lenken und verschiedene Strömungsgeschwindigkeiten zu erzielen. Spielen Sie einiges durch und erfreuen Sie sich am Ergebnis.

Lage und Bau

Die Standortfrage dürfte eigentlich kein Problem sein. Es eignet sich jeder Platz, wenn er nicht den ganzen Tag in der prallen Sonne liegt (wegen der Wasserverdunstung). Am natürlichsten wirkt der Bach, wenn vorhandene Niveau-Unterschiede im Gelände genutzt werden.
Nachdem der richtige Platz gefunden ist, werden die Formteile oder die Folie probeweise ausgelegt beziehungsweise bei Beton die Fläche für den Bachlauf markiert. Danach heißt es, den Boden als Auflagefläche vorzubereiten (aufschütten oder abgraben) und zu verfestigen. Den Untergrund muss man felsenfest verdichten. Dafür gibt es Handstampfer, oder man leiht sich einen so genannten Rüttler aus.
Folienbahnen oder fertige Bachbauelemente werden in ein Bett aus formbarem Lehm, Magerbeton oder anderem nicht verrottbarem Material (Sand) gelegt, damit es nicht zu Verschiebungen oder Unterspülungen kommen kann. Insbesondere alle Vertiefungen

***Die Natur** ist das beste Vorbild für einen Bachlauf.*

werden gut verfestigt. Um das erwünschte Gefälle zu erzielen, wird der Bachlauf an Ort und Stelle stufenförmig vormodelliert und wenn nötig modifiziert. Nachträgliche Maßnahmen können problematisch werden. Ein Gefälle von 1 bis 2 cm auf einen Meter ist ausreichend. Soll der Bachlauf auch als Filter fungieren, darf das Wasser nicht zu schnell fließen.
Die Ufer sollten 10 bis 20 cm hoch sein, damit das Wasser nicht überläuft und eine gute Kapillarsperre konstruiert werden kann (Seite 20). Kieselsteine unterschiedlicher Größe werden auf dem Dichtmaterial nur 2 bis 3 cm dick aufgebracht, damit das Wasser nicht unter dem Substrat fließt, sondern auch zu sehen ist. Teicherden, die hochgewirbelt werden und das Wasser trüben können, sollten nicht eingebracht werden.

TIPP

Bei schwierigem Untergrund oder in Hanglagen empfehlen sich Fertigelemente. Der Überlauf muss dabei stets über das darunter liegende Becken reichen! Damit das Wasser richtig fällt und nichts nach hinten fließt, werden an die Überlauf-Enden mit Silikon so genannte Fallnasen geklebt.

Unbedingt darauf achten, dass in Fertigschalen beziehungsweise Mulden im Bachverlauf immer soviel Wasser stehen bleibt, dass bei einem Stopp des Zuflusses das Gewässer nicht ganz austrocknen kann (das wäre für viele Lebewesen tödlich).
Zur Sicherheit sollte man vor der endgültigen Inbetriebnahme der Anlage möglichst über mehrere Stunden hinweg einen Probelauf mit fließendem Wasser durchführen. Dafür reicht ein Wasserschlauch aus.

***Bachlauf im** Japangarten*

Sprudelstein

▸ Fördermenge und Pumpe

Die Fliessgeschwindigkeit lässt sich bei gleicher Fördermenge der Pumpe durch Verengen oder Erweitern der Bachbreite (40 bis 50 cm reichen aus), aber auch durch eingelegte Steine steuern. Je mehr Wasser ein Bachbett aufnimmt und je höher die Quelle liegt, desto höher muss die Förderleistung der Pumpe sein. Vor dem Kauf der Pumpe werden für das Beratungsgespräch alle relevanten Maße ermittelt und notiert (Bachlänge, Bachbreite, -höhe sowie die zu fördernde Wassermenge und die Förderhöhe).
Die Förderpumpe muss immer mit Wasser bedeckt sein. Deshalb sollte das Auffangbecken etwa 20 bis 25 % mehr Wasser fassen, als unterwegs ist. Damit wird verhindert, dass das Becken bei ausgeschalteter Pumpe überläuft. Ein Probelauf über mehrere Stunden zeigt uns an, ob alles im Lot ist.
Mit einem Schwimmschalter (Wasserstand-Controler), der verdunstetes Wasser wieder zulaufen lässt, geht man vielen Problemen aus dem Weg. Sonst läuft die Förderpumpe trocken oder das Auffangbecken läuft über.
Vor ihrem endgültigen Einsatz wird die Quelle (zum Beispiel ein Findling) gründlich von allem anhaftenden Schmutz gereinigt. Um die Pumpenleistung voll zu nutzen, wird der Förderschlauch möglichst gerade zur Quelle geführt. Knicke und Quetschstellen des Schlauches dürfen nicht sein; sie würden den Durchfluss mindern. Deshalb steckt man den Schlauch in ein etwas größeres PVC-Rohr, das von der Pumpe auf möglichst direktem Weg zur Quelle führt (wenn nötig mit PVC-Bögen).
Am besten lässt man die Pumpe sowohl im Sommer als auch im Winter, bis alles zufriert, immer laufen.

Technik im und am Teich

Pumpen für den Gartenteich

Pumpen fördern Wasser. Sie können Wasser bewegen (umwälzen) oder zum Beispiel einen Bachlauf, Wasserfall oder Wasserspiele betreiben.

Qualitätspumpen der neuen Generation sind recht universell einsetzbar. Sie weisen meist ein günstiges Preis-Leistungs-Verhältnis auf, sind wartungsarm, stromsparend und leicht zu handhaben und zu pflegen.

Leistungsstark sollen sie sein

Wenn es um die Förderleistung und -höhe geht, sollte man keine Kompromisse eingehen. Nichts ist unangenehmer, als wenn sich nach dem Kauf herausstellt, dass nur ein müdes Rinnsal den Bach oder Wasserfall speist.

Bei der **Förderhöhe** wird die Wassersäule gemessen, welche die Pumpe zustande bringt. Unter der **Förderleistung** wird die Menge Wasser verstanden, die in einer Minute oder Stunde umgewälzt (gefördert) werden kann.

Je höher die erwünschte Förderhöhe ist, um so weniger Wasser kann bei gleicher Energieaufnahme gefördert werden – wegen des Gegendrucks, der sich aufbaut.

Bei Messungen wird immer vom Leerlauf ausgegangen.

Je länger eine Pumpe im Einsatz ist, umso mehr kann die Leistung durch Schmutz im Förderraum oder in den wasserführenden Teilen abnehmen. Am effektivsten arbeiten Pumpen daher, wenn sie nicht im Schlamm des Bodengrundes stehen, sondern auf einem Postament (kann auch ein Hohlblockstein sein) etwa 10 bis 15 cm über dem Bodengrund der tiefsten Stelle des Teiches.

So wartungsarm die heutigen Pumpen auch sind, ein- bis zweimal im Jahr sollte man sie überholen. Dies erhöht die Laufsicherheit und Lebensdauer.

Der Komfort wird noch gesteigert, wenn man eine Pumpe kauft, die sich per Fernsteuerung bedienen lässt (regulieren, ab- und anschalten). Um die Garantie nicht zu verlieren, darf weder am Spezial-Teichkabel noch am Korpus manipuliert werden.

Pumpen überwintern

- *Strom abschalten, Pumpe herausholen*
- *Kabelzuführung und Auslauf auf Unversehrtheit prüfen*
- *sofort öffnen, alle erreichbaren Teile säubern und ebenfalls auf Unversehrtheit überprüfen (Achsen, Rotor)*
- *mit einem scharfen Wasserstrahl alles erreichbare spülen*
- *dann frostfrei in einem Gefäß mit Wasser lagern, damit kein Teil austrocknet und spröde wird*
- *vor ihrem Einsatz im Frühjahr nochmals säubern und Probelauf im Eimer starten*
- *steht die Pumpe tiefer als 60 cm, so kann sie (gereinigt) über den Winter im Teich bleiben*

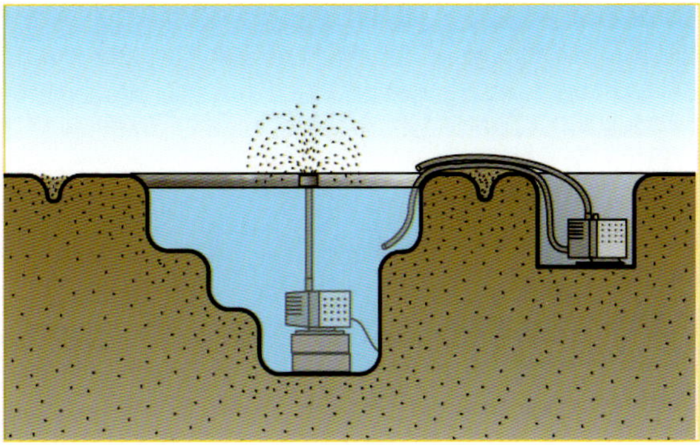

***Pumpen müssen** immer im Wasser stehen.*

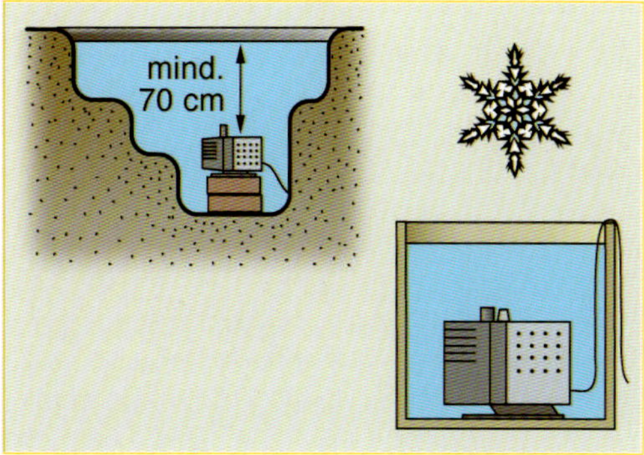

***Zur Überwinterung** muss die Pumpe frostfrei stehen.*

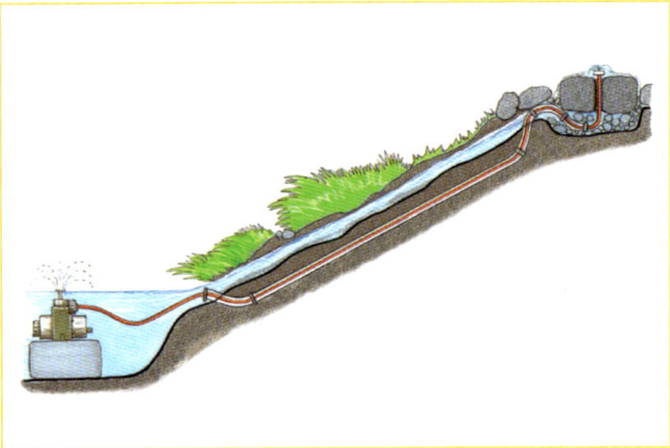

***Je größer** der Höhenunterschied, desto leistungsstärker muss die Pumpe sein.*

Wasserglocke

Es ist nicht nur verboten, sondern auch lebensgefährlich, vergossene Stecker oder wasserdichte Kabel zu durchtrennen. Nicht vergessen: Unbedingt einen FI-Schalter installieren – auch zur eigenen Sicherheit!
Schläuche können, wenn sie im Winter noch gefüllt sind, platzen. Deshalb sollten sie beim Abstellen der Pumpe vor dem ersten Frost leer laufen.
Förderschläuche sollten stets gerade geleitet und nicht geknickt werden. Am besten verlegt man sie in ein isolierendes PVC-Rohr.
Für Bastler: Gut sortierte Fachgeschäfte führen Verlängerungsrohre, Schläuche, Gewindeadapter, Reduzierstücke, Verteiler, Kniestücke und Druckregler sowie Schlauchschalen (zur Kurvenführung ohne Knicke) für viele Schlauchstärken sowie Kleber. Also alles, was den Komfort und die Sicherheit sowie die Einsatzmöglichkeiten von Pumpen und Filteranlagen erhöht.
Zur Reinigung und Wartung von Pumpen, Filtern und Zu- beziehungsweise Ablauf empfehlen sich diverse Schlauchbürsten in unterschiedlichen Längen.
Die Prospekte der Pumpenhersteller bieten praktische Beispiele. Also vor dem Bau eingehend informieren!

Wasserspiele

Nutzen Sie die Vorteile bewegten Wassers. Attraktive Wasserfontänen, romantische Schaumquellen, vor sich hin sprudelnde Springbrunnen oder sanft fließende Wasserglocken haben eines gemeinsam: Sie bringen Bewegung ins Wasser und damit Sauerstoff. Außerdem sorgen sie für einen optimalen Gasaustausch und ein gesundes Mikroklima rund um das Gewässer. Kurzum: Mensch und Tier fühlen sich im kühleren Kleinklima um unser Gewässer viel wohler.
Das Klangbild eines Wasserspiels beruhigt nicht nur, es wirkt zugleich auch aufmunternd. Man fühlt sich angehalten, am Wasser zu verweilen und zu träumen.
Heutzutage macht es moderne Technik möglich, dass sich jeder Gartenfreund ein individuelles Wasserspiel schaffen kann, um seine grüne Oase zu genießen.
Angetrieben wird das Wasser mit eigens dafür konstruierten Hochleistungspumpen. Man muss zu seinem Wasserspiel nur die richtige Förderpumpe auswählen. Meistens reicht es schon, die Pumpe, die das Filtersystem betreibt, mit einem so genannten Bypass (zum Aufstecken oder -schrauben) zu versehen, ohne dass die Filterleistung wesentlich geschwächt wird.
Regelbare Filterpumpen sind dafür besonders geeignet.
Selbst abends, während der Dämmerung, kann man sich am Glitzern und Gleißen fallender Tropfen erfreuen, wenn man einen so genannten Lichtfontänenaufsatz benutzt. Tolle Düsen mit integrierten Halogenleuchten (absolut wasserdicht) ermöglichen diesen optischen Kitzel.
Größere Springbrunnen und Wasserspiele platziert man am besten in abgeteilten Bereichen des Tei-

Springbrunnen

Sprudelstein

ches, damit Seerosenblätter nicht dauerhaft benetzt werden und Fische durch das unentwegte Prasseln des aufklatschenden Wassers nicht nachhaltig gestört werden.

Spritzhöhe beachten Der Kaskadenstrahl beziehungsweise die Spritzhöhe dürfen nur so hoch sein, dass auch der stärkste Windstoss das Wasser nicht über den Beckenrand hinaustreiben kann. Wählt man als größte Höhe des Strahles die Hälfte des Teichradius, so dürfte kaum ein Tropfen des kostbaren Nass den Teichrand passieren können.

Bei Qualitätspumpen lässt sich die Spritzhöhe über den Wasserdruck sogar mittels Funkfernsteuerung oder Handregulierung einstellen. Ist der Teich tiefer, benötigt man eine starke Pumpe und ein Steigrohr nach oben. Achten Sie darauf, dass die Pumpe nicht direkt in der tiefsten Stelle steht, sondern am besten auf einem Podest ganz gerade und montiert steht (so bleibt sie länger sauber und es wird wenig Bodensatz aufgewirbelt).

Bewegtes Wasser auf kleinem Raum Gluckst, gurgelt oder plätschert es vernehmlich im Garten oder auf einem Balkon, so mag das für den einen Romantik pur sein. Es soll aber nicht verschwiegen werden, dass es Leute gibt, die absolut gar nichts von bewegtem Wasser vor der Tür oder dem Fenster halten. Dies gilt es zu beachten, um dauerhaften Ärger zu vermeiden. In einem freundlichen Gespräch von Haus zu Haus kann man meist relativ problemlos klären, wie der Nachbar es mit solcherlei Geräuschen hält.

Mit regelbaren Pumpen, mit denen sich der Wasserauslauf steuern lässt, dürfte es aber kein Problem mehr geben. Gute Pumpen lassen sich auch mit einer Schaltuhr so steuern, dass sie nur tagsüber laufen. Damit kann man so genannte Wasserspeier, die es in allerlei Formen und Figuren gibt, betreiben. Ganz gleich, ob lustig oder romantisch, ob schlicht gefertigt oder kunstvoll verspielt: Wasserspeier sind dekorative Elemente am Teich. Sie können wesentlich dazu beitragen, Wasser zu bewegen, die Oberfläche aufzureißen, was den Gasaustausch fördert und das Wasser mit Sauerstoff anreichert.

Achten Sie beim Aufstellen unbedingt darauf, dass der Speier unverrückbar fest steht, damit ihn der Wasserdruck nicht umwirft. Am besten wird die Figur mit einer ebenen Auflagefläche (das kann auch ein Stein oder eine Wegplatte sein) fest verbunden. Schwere Skulpturen sollte man zusätzlich sichern, indem man sie zum Beispiel an einen Findling lehnt.

Der vorhandene Schlauchanschluss wird mit dem Schlauch und der Pumpe verbunden und an den Anschlussstellen zusätzlich mit einer Klemme gesichert.

Wollen Sie einen Speier und ein Wasserspiel gleichzeitig betreiben, so kann man mit einem Druckregler beide Teile kombinieren, den Druck wie gewünscht verteilen und beides parallel mit nur einer Pumpe in Gang halten. Auch hier darf der Wasserstrahl weder Seerosenblät-

Zur Sicherheit *unbedingt einen Handlauf anbringen*

ter benetzen noch über den Beckenrand hinausgeweht werden. Richtig platziert, können Wasserspiele zum absoluten Hingucker an unserem Teich werden. Beim Kauf bereits darauf achten, ob die Deko-Speier auch frostfest (winterfest) sind oder ob man sie im Winter ins Haus bringen muss.
So schön solche Accessoires auch sein mögen, man sollte seine Teichanlage nicht unbedingt mit mehreren überfrachten.

Die optimale Filterung

Teich- und Bachwasser kann nie klar und sauber genug sein. So sind wir es vom Leitungswasser gewohnt, aber das Wasser im Wassergarten kann auf Dauer niemals so sein. Es hat durch seine spezifischen Eigenschaften aber seine eigene Wertigkeit für jegliches Leben im Gewässer.

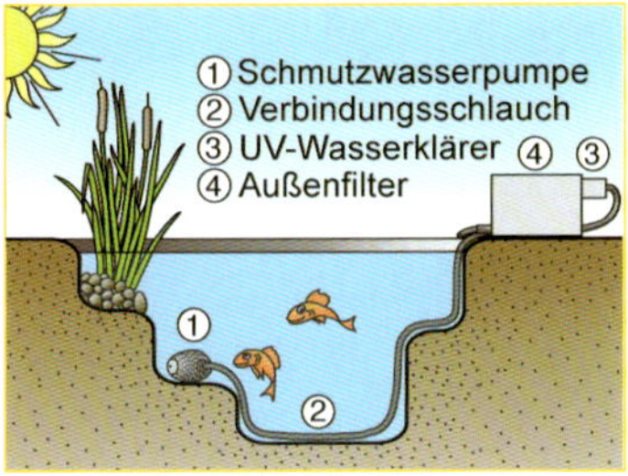

Außenfilter in *der Übersicht*

Klares Wasser kann zwar optisch sauber, aber chemisch durchaus nicht im Lot sein, von einem biologischen Gleichgewicht gar nicht zu reden.
Deshalb sind wir häufig gezwungen, uns der modernen Wasseraufbereitungsmöglichkeiten und Filtertechniken, die im Handel angeboten und ständig modifiziert werden, zu bedienen. Bei der Fischpflege ist dies geradezu eine Verpflichtung.
Beim Einsatz der Teichfilter kommt es aber nicht so sehr auf die Förderleistung der Pumpe an; vielmehr zählen die Größe des Filterbehäl-

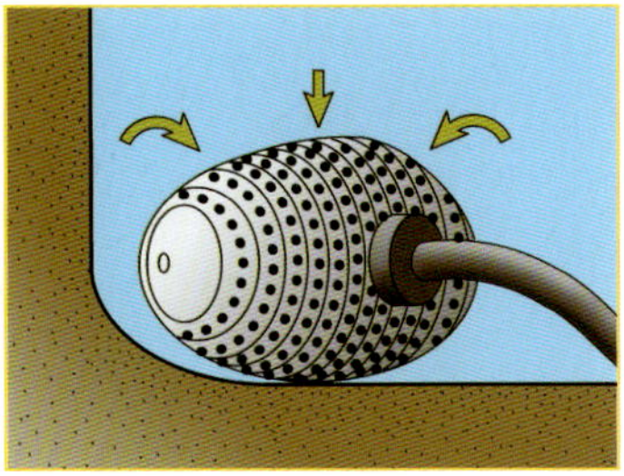

Ansaugstutzen mit *Schmutzsieb*

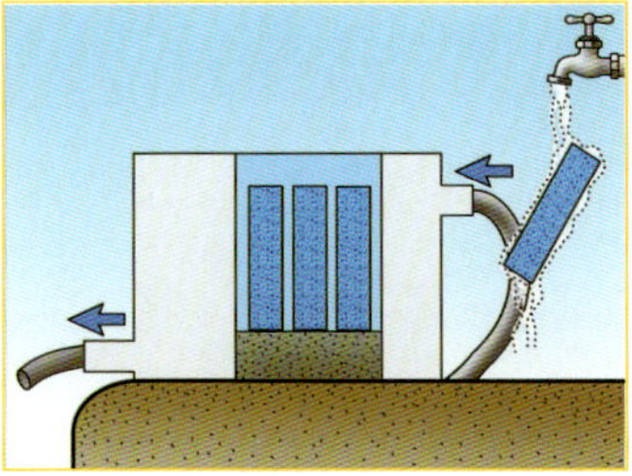

Filtermatten müssen *regelmäßig gerreinigt werden.*

ters (Filtervolumen) sowie die richtige Abstimmung der einzelnen Filterkomponenten. Auch der Komfort bei der Reinigung ist nicht zu unterschätzen.

Gute Vorinformation und Beratung erspart so manche Enttäuschung und Ärger sowie Verluste. Bedenken Sie: Es geht um die Gesundheit Ihrer Pfleglinge und um Ihren optischen Anspruch an das Wasser.

Beim Kauf des richtigen Filtersystems sollten Sie niemals Kompromisse eingehen.

Empfehlung: Wählen Sie unter den erprobten Filtersystemen das aus, welches auf Ihr Gewässer (Teichgröße, Tiefe und Besatz) zugeschnitten ist. Es gibt einige sehr gute Systeme, bei denen Bausteine aus Druckfilterpumpen, mit denen zum Beispiel ein Klärteich betrieben wird, und mit denen ein Filterkasten-Becken kombiniert werden. Oder es kommt für Sie ein mechanisch/biologischer Durchlaufbeziehungsweise Mehrkammerfilter mit Schmutz- und Temperaturanzeiger, in dem bereits ein UV-Klärer im Set enthalten ist, in Frage. Klarwassergarantie vom Hersteller inklusive!

Nicht zu vergessen sind so genannte Oberflächen-Skimmer, welche Schmutz wie Pollen, Staubpartikel, Blätter, Nadeln oder Gras bereits vor dem Absinken absaugen.

Um alle im Markt befindlichen Systeme (Komplettsysteme), die in und am Teich absenkbar einsetzbar sind, an dieser Stelle aufzuzählen, reicht der Platz nicht aus. Vorinformation und Beratung von einem qualifizierten Fachverkäufer ist beim Filterkauf unerlässlich.

Gefragt ist neben einem Qualitätsprodukt mit hoher Leistung, niedrigem Stromverbrauch und langer Lebensdauer (nie ohne Garantiekarte kaufen!) vor allem eine möglichst große Oberfläche des Filtermaterials.

Filtermaterialien können mechanisch, chemisch oder biologisch wirken.

Mechanische Filtermaterialien

Dazu rechnet man Materialien, die vor allem wasser- und fischfreundlich reagieren und keinerlei Giftstoffe an das Wasser abgeben. Sie sollen vor allem grobe und feste Partikel, die im Filterstrom mitgeführt werden, zurückhalten. Hierzu dienen zum Beispiel Filterschwämme in vielerlei Formen, Kunststofftropfkörper (Bio-Igel), Lava oder diverse Filtergranulate, Tonröhrchen, um nur einige zu nennen. Alle diese Materialien wirken auch als Vorfilter. In Großanlagen werden auch so genannte Filterbürsten eingesetzt, die sich bestens bewährt haben.

Chemische Filtermaterialien

Dies sind Materialien, die chemische Abläufe im Wasser steuern und verändern können. Dazu gehört zum Beispiel der so genannte Filtertorf, der enthärtend, pH-senkend (durch Humin- und Gerbsäuren) und Algenwuchs hemmend wirken kann. Der Nachteil von Torf ist, dass er aus natürlichen Beständen stammt. Außerdem braucht man davon eine relativ große Menge, um eine messbare Wirkung zu erzielen und muss ihn regelmäßig erneuern.

Mit Produkten aus dem Fachhandel lässt sich der pH-Wert ebenfalls langsam senken oder anheben.

Mit einem natürlichen Produkt auf Zeolith-Basis (kann man im Filter integrieren) lassen sich laut Produktbeschreibung Schadstoffe binden und neutralisieren, Trübungen eindämmen und Färbungen (Medikamente, Gerbstoffe) ausfiltern.

Biologische Filtermaterialien

Unter biologischer Filterung versteht man eine Langsamfilterung über Materialien, die nicht verrotten und vor allem über eine besonders große Oberfläche verfügen (sie können auch als Vorfilter mechanisch wirken). Dies sind zum Beispiel Filtermatten aus Schaumstoff, Kunststoff-Filter-Igel oder grobes Lavagranulat. Auf und in diesen Materialien siedeln sich bevorzugt Schadstoff umwandelnde Mikroorganismen (nitrifizierende Bakterien) an. Biologische Filtermaterialien wirken am besten, wenn sie langsam vom Wasser durchströmt werden. Bis das biologische Filtermaterial nach Animpfung mit im Fachhandel erhältlichen Starterbakterien optimal wirkt, vergehen in der Praxis 2 bis 3 Wochen.

Wichtig: Wie beim Betrieb von Bachläufen, soll auch beim Filter die Pumpe möglichst das ganze Jahr hindurch unentwegt laufen, damit weder das Filtermaterial noch der Bachlauf trocken fallen und die wichtigen Bakterien und Kleinlebewesen verenden.

Die Fließgeschwindigkeit Sie sollte so eingestellt werden, dass die gesamte Wassermenge des Teiches 4 bis 5 mal pro Tag den Filter durchströmt. Als Faustregel gilt: der Teichinhalt in Litern mit 5 multipliziert, ergibt die nötige Durchflussleistung pro Tag. Durch 24 dividiert, erhält man dann die nötige Stundenleistung der Pumpe (immer am Filterauslauf nach dem Start messen!).

UV-Teichklärer Diese Geräte können eine große Hilfe dabei sein, trübes Wasser zu klären. Je nach Zweck oder Problem werden sie unterschiedlich angeordnet: bei grünen oder grauen Trübungen, die von Schwebealgen herrühren, wird der UV-Klärer vor das Filtermaterial (auch vor die Pumpe) gesetzt.

Durch die ultraviolette Strahlung im Gerät abgetötete organische Substanz wird dann über das Filtermaterial aufgenommen.

Zur unterstützenden Behandlung von Fischkrankheiten oder zur Wasserdesinfektion (zum Beispiel nach einer Algenbehandlung) eingesetzt, kommt der UV-Klärer hinter das Filtermaterial, also in oder hinter den Klarwasserauslauf.

Beim Einsatz eines UV-Klärers unbedingt darauf achten, dass die Förderpumpe einwandfrei läuft und nicht verstopft ist. Die Geräte gibt es in verschiedenen Größen. Lassen Sie sich beim Kauf beraten.

TIPP

Jedes Filtersystem sollte beim Start und bei jeder Reinigung mit speziellen Starter-Bakterien geimpft werden, die es im Fachhandel gibt.

***Ein Bachlauf** wirkt wie eine natürliche Kläranlage*

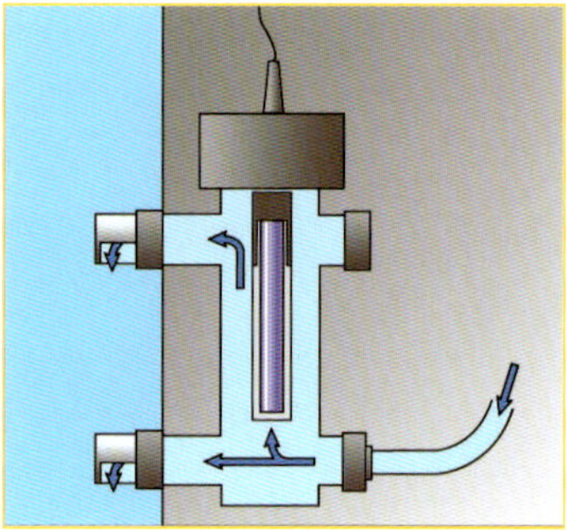

UV-Klärer

▸ Licht am Teich

Verschiedene Leuchtquellen garantieren rund um den Teich Sicherheit und Romantik. Auch andere Gartenteile, zum Beispiel bestimmte Pflanzengruppen oder dunkle Ecken, lassen sich mit einem Spot ins rechte Licht setzen. Auch Sitzgruppen, einer Brücke oder einer Quelle lässt sich so an lauen Sommerabenden Leben einhauchen.

Neben romantischer Effekthascherei sorgt Licht auch für mehr Sicherheit im Wassergarten.

Mit ausgetüftelten Beleuchtungsstärken und Lichtspielen können bezaubernde Licht- und Schattenbereiche entstehen und dabei Gartenpartien plastisch nah oder geheimnisvoll entrückt erscheinen.

Wer über keinen Stromanschluss im Garten verfügt, kann sich mit Solarlampen behelfen.

Grundsätzlich gilt aber: Jegliche Lampen sollen nur von Zeit zu Zeit brennen, keinesfalls Tag und Nacht.

Leuchtende Schwimmlampen *tauchen den Gartenteich am Abend in märchenhaftes Licht.*

Denn auch Tiere (und Nachbarn) brauchen Dunkelheit und Nachtruhe. Darüber hinaus dürfen die Leuchtquellen nicht so heiß werden, dass sie zum Bratofen für verschiedene Tiere werden.
Bei Unterwasserscheinwerfern gehen die Meinungen stark auseinander. Zum einen lassen sie Einblicke in das Wasser zu, die höchst interessant sind. Außerdem wirken sie ausgesprochen romantisch und geheimnisvoll (auch an trüben Tagen). Andererseits brauchen alle Lebewesen die Dunkelheit, um ausruhen zu können – auch Fische müssen schlafen können. Außerdem sind Leuchtquellen richtig und sicher zu installieren. Unterwasserscheinwerfer nutzen meist das Wasser als Kühlung.

Risiken vermeiden

Strom kann im Wasser zum Risiko werden, wenn er mit der Netzspannung von 230 V ins Wasser gelangt. Deshalb ist es wichtig, nur Geräte einzusetzen, die für den Unterwasserbetrieb ausdrücklich ausgewiesen sind. Sie müssen über einen Trafo, der die Niederspannung erzeugt, gesteuert werden und absolut wasserdicht sein.
Ebenso wichtig ist es, bei allen Lampen auf TÜV- und GS-Zeichen sowie auf einen Garantieschein und eine Gebrauchsanweisung zu bestehen. Auch ein FI-Schutzschalter ist unerlässlich.
Steckdosenbehälter sollten abschließbar und Kabel müssen absolut wasserdicht sein.
Solaranlagen sind zwar nicht so lichtstark, aber sicher, brauchen keinen Strom aus der Leitung und eignen sich deshalb besonders gut.

Technik verstecken

Auf Folien, Kunststoffufer, Filter, Pumpen oder Lampen kann man im Wassergarten meist nicht verzich-

TIPP

Eine Kombination von Licht und Teich, die mit einem Bewegungsmelder gesteuert wird, kann aus Sicherheitsgründen nur empfohlen werden.

ten. Aber häufig wirken sie auch als störende Blickfänger, wenn man sie nicht geschickt kaschiert und so verschwinden lässt, dass sie das Teichbild nicht mehr stören.
Am besten lässt man unschöne Technik unter oder hinter Steinen, einer Natursteinmauer oder Natursteinplatten verschwinden. Diese müssen natürlich zu dem übrigen im Garten verbauten Gestein passen. So kann aus einem Ärgernis schnell noch eine hübsche Zusatzdekoration werden. Dies gilt besonders für Uferränder und Filterbehälter beziehungsweise -becken. Auch besandete Folien sind ein geeignetes Mittel, um allzu Blankes zu verdecken.
Mit hohlen Steinattrappen, die es als Deckel oder natürlich wirkende Findlinge gibt, lassen sich im Boden eingegrabene Behältnisse oder Filtertöpfe gut kaschieren. In einem teilweise ausgehöhlten alten Baumstamm lässt sich ebenfalls einiges, wie unansehnliche Leitungen verstecken. Auch hochwüchsige Pflanzen wie zum Beispiel Bambus oder Rudbeckien können zum Verdecken von Technik Verwendung finden. Auffällige Steckdosen und elektrisches Zubehör können wasser- und kindersicher unter speziellen Felsattrappen aus dem Fachhandel verschwinden. Darüber hinaus sieht jeder auch noch so täuschend echt gemachte Kunststoff besser aus, wenn Efeu oder Pfennigkraut über die Hülle rankt. Wichtig: Man sollte jederzeit problemlos an das oder die Geräte herankommen, ohne die Bepflanzung zu sehr zu schädigen.

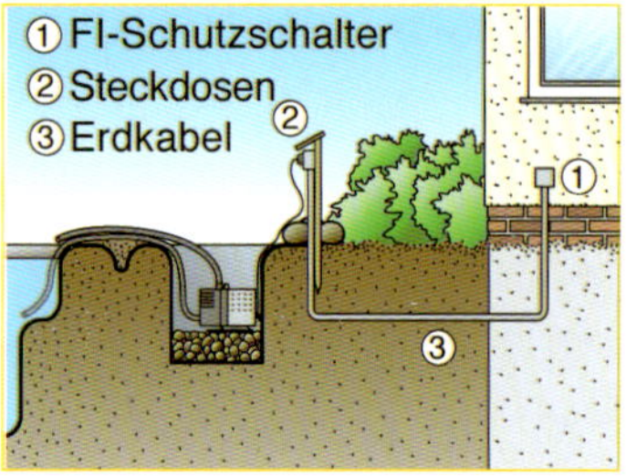

Stromanschlüsse müssen *fachgerecht installiert sein.*

Von einem *natürlichen Gewässer kaum zu unterscheiden.*

Klares Wasser

▸ Pflanzen filtern

Keine auch noch so ausgefeilte Technik kann die optische Wirkung und den klärenden Nutzen der Wasser- und Sumpfpflanzen ersetzen. Pflanzen sind im Wassergarten nahezu unersetzbar. Selbst in Koiteichen wirken sie sehr positiv. Besonders dort, wo belastete Gewässer unansehnlich trüb und labil werden, ergänzt man den vorhandenen Teich mit einem Klärbecken, einem gesonderten Bereich oder auch einem gestalteten Bachlauf als Klärzone. Vor allem bei der Fischpflege, insbesondere von Koi,

TIPP **Mauern sie um einen Eimer oder großen Blumentopf mit Steinen eine Hülle (Hut), die sich nach dem Aushärten für vielerlei Dinge als Deckel verwenden lässt.**

bieten sich solche Lösungen an. Die Pflanzen erzielen in solchen Becken eine optisch gut sichtbare wasserklärende und messbar entgiftende Wirkung.
Im Klärbecken werden als Vorfilter Filtermatten eingesetzt. Danach durchströmt das Wasser die Pflanzzone, in der verbleibende Schmutzreste abgefangen und zersetzt werden. Die restliche Arbeit verrichten die Pflanzen. Für den nötigen Wasserumlauf verwenden wir eine relativ starke und regelbare Förderpumpe.

Klärbecken

Ein Klärbecken ist in unmittelbarer Teichnähe am wirkungsvollsten, wenn der Zu- und Abfluss direkt aus und zum eigentlichen Wasserbecken führt. Der Auslauf lässt sich mit fertigen Bachschalen auch als kleiner Wasserfall gestalten.
Umbaumaßnahmen und Veränderungen der Teichumgebung können neben der Wasserklärung einen weiteren Nutzen haben, indem durch den Aushub die Teichumgebung noch attraktiver gestaltet oder durch Uferpflanzen verschönert wird. Die unmittelbarer Nähe des Hauptbeckens zum Klärteich ist auch deshalb so vorteilhaft, weil man dann meistens mit einer geringeren Pumpenleistung auskommt, da kein Gefälle zu überwinden ist.
Lässt der Untergrund dies nicht zu, so kann das Klärbecken auch im Hochbau errichtet werden. Das Gefälle lässt sich gut zu einem Wasserfall nutzen. Wenn nur in einiger Entfernung zum Teich ein geeigneter Platz zur Verfügung steht, kann man das abfließende Wasser in ein möglichst mäanderndes Bachbett leiten. Die Kolke des Baches dienen dann zur Klärung, wenn man sie mit einer Schicht aus 3 bis 5 mm starkem Lavagrus oder Quarzkieseln bestückt und bepflanzt.
Die Verkleidung des Klärbeckens sollte aber zum Teichbild passen. Natursteine, Schilf- oder Bambusmatten beziehungsweise Holzpalisaden wirken am natürlichsten.
Liegt das Klärbecken oder der Bach im Halbschatten, so können die meisten Pflanzen noch gut gedeihen. Ein weiterer Vorteil: Das Wasser bleibt auch im Hochsommer etwas kühler.
Regenwasser lässt sich auf diese Weise ebenfalls klären, bevor es in den Teich fließt.
Ein weiter Vorteil von Klärbecken ist, dass dort Tiere ungestört ablaichen können, auch solche, deren Nachwuchs im Teich durch die Fische bedroht wäre.
Integrierte Klärzone Ist außerhalb des Teiches absolut kein Platz für eine Filteranlage, so braucht man auf großräumig geklärtes Wasser trotzdem nicht zu verzichten. Ein Teilbereich des Teiches kann mit Steinen oder einem Netz

***Ein Naturteich** klärt sich selbst.*

***Pfennigkraut verdeckt** technische Installationen.*

***Ein separates** Filterbecken sorgt für sauberes Wasser.*

abgeteilt und so zu einem Bio-Filter umgestaltet werden.
Beim Bau eines Betonteiches kann man eine solche Zone bereits mit anlegen.
In Folienteichen bieten sich gelochte Großziegel (Leichtbausteine) an. Damit die Folie keinen Schaden nimmt, werden unter die Folie und unter die Steine Styroporplatten gelegt. Auf der Einlaufseite wird ein Überlaufrohr installiert, dann zwischen zwei PVC-Gitter eine (oder je nach Platz mehrere) Filter- oder borstenreiche Fußmatten geschoben, um den Grobschmutz abzuhalten. Dieses Material kann je nach Verschmutzungsgrad herausgenommen und mit einem scharfen Wasserstrahl gesäubert werden.
Dann folgen die nur mit Kieseln und reinigenden Pflanzen bestückten Pflanzkörbe.
Die Zwischenräume der Körbe werden mit Filterwürfeln oder so genannten Tropfkörpern aufgefüllt.
Für den Durchfluss sorgt eine regelbare Förderpumpe, am besten mit einer oder mehreren integrierten oder aufsteckbaren Filterkammern. Sie befördert das Wasser, wenn sie im Auslaufbereich installiert wurde, in den Teich zurück. Am besten installiert man sie in einem Pflanzkorb, der substratfrei bleiben kann. Der Korb wird so weit abgesenkt, dass die Pumpe stets mit Wasser bedeckt und gegenüber dem Einlauf platziert ist.

TIPP

Klärfilter dürfen niemals trocken werden, weil sonst die Mikroorganismen absterben.

Dekoration am Teich

Über Geschmack lässt sich gar trefflich streiten. Es gibt kaum etwas, das einem selbst gefällt, aber bei einem anderen auf Ablehnung oder gar Mißfallen stößt. Gottlob bleibt es aber jedem selbst überlassen, was er in seinen grünen vier Wänden des Gartens so alles treibt und sich in und an sein Gewässer stellt, um sich daran zu erfreuen.
Dazu gehört auch alles, was man im Fachhandel so sieht, was einem in Gartenzeitschriften schmackhaft gemacht wird oder was der eigene Haushalt so alles an Deko-Materialien hergibt. Wenn diese Accessoires auch wenig ökologischen Wert haben, so lässt sich doch so manches gute Stück als Blickfang ganz hervorragend platzieren.
Am schönsten wirken Objekte, die zum Stil des Gewässers passen: Zu einem Naturteich passen natürliche Wurzelholzstubben (Eichen und Buchen halten sehr lange) und Findlinge aller Größen. In Dreiergruppen angeordnet wirken sie am besten. Besonders nach den schweren Stürmen und Überschwemmungen der letzen Jahre liegen sowohl Stubben als auch so mancher Findling achtlos in der Gegend herum. Man kann solche Stücke oft auch beim Forstamt oder Landwirt für wenig Geld erstehen. Die Beschaffung stellt also kein Problem dar.
Fachmärkte oder Steinmetzbetriebe bieten vermehrt bizarre, aber auch runde Findlinge in allen Größen, Formen und Preislagen an. Wer sich gezielt umsieht, der wird auch auf Baustellen oder Steinbrüchen fündig. Es versteht sich von selbst, dass man bei der Beschaffung die Eigentumsrechte achtet. Sollen schwere Steine in den Teich, ist darauf zu achten, dass keine scharfen Ecken oder Kanten das Dichtmaterial beschädigen können. Sie sind gegebenenfalls abzu-

***Eine Schildkröte** als Zierde*

***Skulpturen und** Wasserspiele – eine schöne Kombination.*

schleifen. Auf der sicheren Seite ist man, wenn an der belasteten Stelle über und unter die Folie Styropor gelegt wird (je nach Gewicht 5 bis 10 cm dick). Mit Kieselsteinen belegt, stört es nicht mehr.
Befindet sich in Teichnähe ein alter Baumstamm mit 2 bis 3 m Höhe, der gekappt wurde, so kann man diesen sehr schön von einer Clematis oder Efeu, den es auch mit weiß-gelb panaschiertem Laub gibt, begrünen lassen.

Japanisch gestalteter *Wassergarten*

Typischer Japangarten *mit üppig blühenden Rhododendren*

Formale und architektonische Teiche (auch solche im Hochbau) vertragen auch auffälligere Dekorationen wie bepflanzte Terrakottagefäße, Tröge und Schalen oder kleine Brunnen, Stein- und Bronzefiguren, die der Handel anbietet.
Für den Japangarten muss man, wenn er seine Originalität bewahren soll, besonders kritisch unter den vielen angebotenen Steinlampen und Stelen wählen.
Kunstobjekte aus Metall oder mit Metall-Legierungen sollten mit dem Teichwasser nicht in Berührung kommen; auch daran ablaufendes Regenwasser darf nicht in den Teich gelangen. Es enthält für Tiere giftige Metallverbindungen, zum Beispiel Kupferoxalat.
Bei aller Freude am Gestalten und der eigenen Kreativität sollten aber geeignete Pflanzen das wichtigste Gestaltungselement darstellen.

TIPP

Plastik oder Bronzereiher, richtig platziert, signalisieren lebenden Reihern, dass das Revier bereits besetzt ist (Irrtum vorbehalten).

Rechtliches und Sicherheit

Rechtsfragen zum Gartenteich
Wer glaubt, dass ausgerechnet dieses Sachgebiet keinen Regeln unterworfen ist, wird schnell eines Besseren belehrt werden. Obwohl die Anlage von Feuchtbiotopen durch Menschenhand wünschenswert ist, zumeist eine gute Presse bekommt und nach wie vor voll im Trend liegt, sollte man sich doch an einige Gesetzte und Vorschriften halten. So können in einigen Bundesländern Teichanlagen ab 50 m^2 Grundfläche und einer Tiefe von über einem Meter behördlich meldepflichtig sein. Bleibt man nur einige Zentimeter unter dem kritischen Maß, entfällt die Anzeigepflicht. Leider gibt es bis dato keine bundeseinheitlichen Regelungen.

Wenn die Teichanlage einen direkten Anschluss (Zu- oder Ablauf) an ein natürliches Gewässer (Bach, Fluss, See oder öffentliches Regenrückhaltebecken oder das Grundwasser) hat, muss das Bauvorhaben eine wasserrechtliche Genehmigung haben.
Das Gleiche gilt, wenn eine Fläche über 30 m^2 um mehr als 3 m vertieft wird oder ein bereits vorhandenes Gewässer zum Nutzfischteich (zur Fischzucht) umgestaltet oder gar verfüllt werden soll. Werden Ortssatzungen berührt (zum Beispiel Bebauungspläne), können Schwierigkeiten bei der Genehmigung entstehen. In jedem Fall können örtliche Bau- oder Landschaftspflegebehörden, Bezirks- oder Landratsämter darüber Auskünfte erteilen. In einigen Bundesländern wird die Schaffung oder Erhaltung von Feuchtbiotopen in Großanlagen besonders gefördert. Dann lohnt eine Anfrage; eventuell gibt es Zuschüsse.
Im **Bundesnaturschutzgesetz** ist das Verbot des Fanges geschützter Tiere und Pflanzen geregelt. Jegliches Sammeln ist verboten und ausgesetzt darf auch nichts werden (Faunen- und Florenverfälschung).
Nachbarn sollte man von der Idee des Wassergartens begeistern und nicht verärgern. Im unterschiedlichen **Nachbarrecht** der Bundesländer ist das meiste geregelt, was zu Zwistigkeiten über den Zaun hinweg führen kann. Fragen wie Grenzabstände, Einfriedung, Hecken und Wasserfragen (Traufenwasser) finden dort ihren Niederschlag. Vor dem großen Ärger kann man auch einen so genannten Schiedsmann vor Ort kontaktieren (Auskunft durch Rechtsberater oder Gemeinde).
Alle auf öffentlichem Gelände gepachteten Gärten unterliegen dem Bundeskleingartengesetz. In privat gemieteten Gärten gelten die im Mietvertrag ausgehandelten Bedingungen sowie die Gesetze und Regelungen des Nachbarschaftsrechts beziehungsweise der Hausgemeinschaft. Auch hier gilt: Informieren Sie Eigentümer und Hausverwaltung *vor* dem Bau eines Gartenteiches, das erspart manchen Ärger hinterher.
Ein Punkt sollte auch der guten Sitten wegen unter Nachbarn eingehalten werden: Als Eigentümer oder Nutzungsberechtigter eines Grundstückes darf man nicht auf

Quakender Wasserfrosch *– für manche ein Ruhestörer*

eine Art und Weise eingreifen, dass sich der Grundwasserspiegel merklich verändert oder die physikalische, chemische oder biologische Beschaffenheit desselben zum Schaden des Nachbarn verändert oder beeinträchtigt wird.
Darüber hinaus ist es selbstverständlich, dass bei einem Gartenteich vermieden wird, dass Wasser über die Grundstücksgrenze hinausfließt oder -sickert. Es darf auch keine Geruchsbelästigung oder Mückenplage von der Anlage ausgehen.
Alle Anforderungen an den Teichbetreiber sind so ausgelegt, dass Sicherungsmaßnahmen getroffen werden müssen, damit Schaden durch den Teich vom Nachbarn ferngehalten wird.
Baumaßnahmen wie die Anlage von Wällen, Baumgrenzen oder die Heckenhöhe und ihr Grenzabstand werden durch das Nachbarrecht geregelt. Das Nachbarrecht Ihres Bundeslandes können Sie im Buchhandel erwerben.

Ein Problem könnte es geben, wenn Grünfrösche (*Rana* kl. *esculenta*) zuwandern und die männlichen Exemplare im Frühjahr für einige Zeit Nacht für Nacht ihre Brunftrufe erschallen lassen. Da haben sich schon manche Nachbarn vor Gericht wieder getroffen. Die Urteile sind, wie so häufig, unterschiedlichster Art – manchmal auch geradezu grotesk. Da die Quaker unter gesetzlichem Schutz stehen, darf man sie nicht fangen, sondern höchstens vergrämen (stören). Auch der Teich darf nicht zugeschüttet werden. Am besten setzen Sie sich mit der unteren Naturschutzbehörde in Verbindung, um kompetenten Rat einzuholen. In den meisten Fällen tolerieren die Nachbarn den kurzfristigen, saisonbedingten Geräuschpegel, zumal viele der Frösche auch wieder abwandern. Außerdem gibt es ein Musterurteil des Bundesgerichtshofes, das besagt, dass das geänderte Umweltbewusstsein und der Artenschutz im Naturschutzrecht berücksichtigt werden müssen (Urteil v. 20.11.92 Az. V ZR 82/91).

Ausreichend versichert? Als Haus- und Gartenbesitzer ist man in der Regel gut versichert. Ob die Versicherungen auch für den Gartenteich ausreichen, gilt es am besten schon vor Baubeginn zu klären, um sicherzugehen, dass alle Eventualitäten in bestehenden Verträgen in ausreichender Höhe abgesichert sind und welche Risiken eventuell noch nicht erfasst sind.
Denken Sie auch an eine Rechtsschutzversicherung – falls doch einmal Unangenehmes auf Sie zukommen sollte. Aber vorbeugen ist auch in Rechtsfragen besser als jeglicher Ärger.
Verkehrssicherungspflicht heißt es im Amtsdeutsch, wenn es um die Gefahren für Menschen am Teich geht. Wasser übt auf Mensch und Tier eine geradezu magische Anziehungskraft aus. Dies gilt insbesondere für Kinder jeglichen Alters.

***Entdeckungstour am** Teich*

***Richtig: Brücke** mit Handlauf*

***Dicht bepflanzte** Ufer üben auf Kinder keine so große Anziehungskraft aus.*

Die eigenen Kinder kennen zwar ihren Teich, aber auch Spielkameraden und andere Besucher sind gefährdet. Besonders Kleinkinder können in einem unbewachten Augenblick zu Schaden kommen. Eltern haben zwar eine Aufsichtspflicht, aber die Erfahrung hat gezeigt, dass sie nicht immer präsent sind, wenn sich ihr Nachwuchs auf Entdeckertour begibt. Da werden Verbote missachtet und ungenügend hohe Zäune überklettert oder unter ihnen durchgeschlüpft. Jeder Grundstückseigentümer ist verpflichtet, sein Grundstück und den Teich kindersicher zu machen: Am besten mit einem genügend hohen (nicht übersteigbaren) stabilen und lückenlosen Zaun; mit einer stets abgeschlossen zu haltenden Pforte, damit Unbefugte keinen Zutritt haben. Dies gilt in besonderem Maße, wenn der Wassergarten an einen Kindergarten, Spielplatz oder an eine Schule grenzt. In Gemeinschaftsanlagen oder wenn der Zugang zum Grundstück offen bleibt, muss das Gewässer selbst wie beschrieben gesichert sein. Kündigt sich in der Familie ein Baby an, so kann ein bestehendes Gewässer mit großen Hohlblocksteinen so lange verfüllt werden, bis der Nachwuchs schwimmen kann.

Zwischenzeitlich können im so verfüllten Becken ein Springbrunnen für bewegtes Wasser sorgen und Pflanzen am Ufer üppig wachsen. Überhaupt laden dicht bewachsene Feuchtufer mit Hindernissen in Form von Baumwurzeln und kleinen Findlingen nicht mehr zum Betreten ein. Im dichten Röhricht kann ein weiterer grün ummantelter Drahtzaun den Zugang zu tieferem Wasser verwehren.

Netze oder Baustahlgitter, die knapp unter dem Wasserspiegel fest montiert werden, sind nur ergänzende Maßnahmen. Sie entheben uns keinesfalls der Aufsichts- und Verkehrssicherungspflicht.
Weit ruhiger kann man leben, wenn man neuartige Sicherheitsgitter am oder im Teich installiert – gleich ob über oder knapp unter Wasser. Sie eignen sich bis zu einer Breite von 4,30 m für Folien- und Fertigteiche, die es mit bereits vormontiertem Gitter gibt. Mit werkseitig erstellten Modulen lassen sich viele Formen erzielen. Die Ränder lassen sich sehr gut mit Steinen kaschieren, so dass das Teichbild kaum gestört wird.
Neben dem Grundstückseigentümer muss aber unter Umständen auch der Gartenarchitekt oder Bauunternehmer haften, wenn dieser die Absicherung des Grundstückes nicht ordnungsgemäß (auftragsgemäß) durchgeführt hat. Bepflanzte Beete oder Hecken alleine reichen jedenfalls als Schutz nicht aus.
Damit Erwachsene keinen Schaden nehmen, sind schon beim Bau Stege und Ufer, die direkt am Wasser entlangführen, mit einem Handlauf zu versehen. Wege, Stege und auch der Sitzplatz erfordern einen rutschfesten (geriffelten) Belag. Licht am Wasser verhindert einen Fehltritt – ins Wasser. Allen Besuchern hat die uneingeschränkte Aufmerksamkeit – vermehrt bei Gartenfesten mit Alkoholgenuss – zu gelten.
Sicherheit für Tiere Auch Tiere zieht es zum Wasser! Vögel suchen das Nass auf, um davon zu trinken und genießen das reinigende Bad zur Gefiederpflege. Sie lieben dabei übersichtliche Stellen, die auch

***Die eigene** Katze lernt schnell, dass sie aus dem Teich nur trinken darf.*

***Feine Angelsehne,** über den Teich gespannt, halten Reiher fern.*

ruhig so seicht sein dürfen, dass sie darin stehen können. Inseln, die gerade noch aus dem Wasser ragen, werden gerne aufgesucht. Bevorzugt werden stets solche Plätze, die es ihren Feinden, zum Beispiel Katzen, unmöglich machen, sich unbemerkt anzuschleichen. Mit einem scharfen Wasserstrahl lassen sich auch Katzen auf humane Weise von den Badestellen fernhalten. Besonders im Winter brauchen die Vögel offene Stellen, wie eisfreie Bereiche um die Stiele von Röhricht herum.
Hunde und Katzen bevorzugen Teichwasser vor jeder anderen Tränke. Auch für sie gilt es, eine flache Stelle gut zugänglich zu gestalten. Manche Hunderassen baden leidenschaftlich gerne, wie zum Beispiel Labrador Retriever oder Neufundländer. Bei Folienteichen kann die Folie allerdings unter den spitzen Krallen und dem Gewicht der Hunde Schaden nehmen. 0,5 bis 1-mm-Folien sind besonders gefährdet. Außerdem kann es Probleme mit den Pflanzen geben, wenn der Vierbeiner den Ausstieg durch die Pflanzzone wählt oder die Seerosen als Insel ansieht. Da heißt es gegensteuern: Trinken ja, baden nein!
Sie sollten jegliche Tiere aber nur trinken lassen, wenn das Wasser nicht am Umkippen ist.
Damit die Teichufer nicht zu Todesfallen für Igel und andere Kleinsäuger werden, dürfen Plattenüberstände oder gemauerte Steilwände nicht sein! Eingehängte Igelbretter erfüllen ihren Zweck nur dann, wenn sie eng anliegen und in genügender Anzahl im Abstand von höchstens 1,5 m an der Wandung vorhanden sind.

***Blütenpracht am** Teichrand*

In jedem Fall sollte man ein Ufer flach halten oder für andere Ausstiegsmöglichkeiten sorgen. Auch ins Wasser reichende Stubben oder dickere Baumwurzeln können lebensrettend sein.
Um Fische vor Fressfeinden aller Art zu schützen, kann ein tief gelegter elektrischer Weidezaun ungebetene Besucher fern halten. Bewährt hat es sich auch, die Fische vom Ufer entfernt in einem Futterring zu füttern. Eine kreuz und quer gelegte Überspannung mit Anglersehne hält Reiher und andere Fischliebhaber vom Fischen ab. Schlüpfende Kaulquappen schützt man am besten unter einem so genannten Laubschutznetz, das auch im Herbst das Falllaub oder beim Mähen den Grasschnitt auffängt.
Dünger, Herbizide und Ameisengift können den Wassertieren gefährlich werden. Wenn überhaupt, sollte man nur solche Produkte im Garten verwenden, die weder bienen- noch fischgiftig sind.
Sich selbst schützt man, wenn ein Fehlerstromschutzschalter (FI-Schalter) vor elektrischen Geräten auch im Garten installiert wird. Elektroinstallationen dürfen nur vom Elektriker ausgeführt werden. Steckdosen im Freien sollten stets in wassergeschützten und abschließbaren Behältnissen untergebracht sein.
Beim Kauf von elektrisch betriebenen Geräten wie Pumpen oder Lampen stets auf das TÜV-, VDE- und GS-Zeichen achten. Auf Ramsch-, Sperrmüll- und Flohmarktschnäppchen sollte man daher besser verzichten.
Giftige Pflanzen Eine weitere Gefahrenquelle für Mensch und Tier sind giftige Pflanzen. Um jegliches Risiko auszuschalten, sollte man, wenn auch kleine Kinder den Garten nutzen, auf solche Arten verzichten.

Giftige Pflanzen in und am Wasser

Calla (Calla palustris)
Froschlöffel (Alisma plantago aquatica)
Hahnenfuß (Ranunculus spp.)
Kalmus (Acorus calamus)
Nachtschatten (Solanum spp.)
Seerosen (Nymphaea spp.)
Seidelbast (Daphne spp.)
Teichrose (Nuphar luteum)
Wasserfenchel (Oenanthe spp.)
Wasserschierling (Cicuta virosa)
Wolfsmilch (Euphorbia spp.)

Kinder und Wasser im Garten

Kinder sind lebendig und neugierig. Von Wasser aller Art werden sie geradezu magisch angezogen. Sie sind die wahren Entdecker an Gewässern. Dies bringt natürlich bekannte und nicht von der Hand zu weisende Risiken mit sich, denen Rechnung getragen werden muss. Der Gesetzgeber schreibt hier eine Fürsorge- und Aufsichtspflicht vor. Gewässer müssen absolut kindersicher sein, so lange der Nachwuchs noch nicht schwimmen kann.

Damit beim verwehrten Zugang zum Teich kein Kinderfrust aufkommt, gibt es verschiedene Möglichkeiten, dem Sehnen nach Betätigung mit allem, was mit Wasser zu tun hat, nachzukommen: Ein Schüssel- oder Wannenteich in einem Sandkasten, dazu noch mit einem Areal mit Baggermatsch zum Burgenbauen ausgestattet, lassen den elterlichen Gartenteich hinter Gittern schneller vergessen. Können die Kleinen dazu noch in einem eigenen Areal des Gartens, möglichst weit weg vom Teich, tun und lassen, was sie wollen, und das auch noch mit Wasser, so können sie schnell eigene Erfahrungen machen, die sehr wertvoll für ihre Entwicklung sind. Ein flacher Miniteich mit allen dazu gehörigen Gerätschaften (Netz, Schaufel, Sieb und dergleichen) befriedigt die kindliche Kreativität.

Spiel und Spaß mit Wasser Am Bach in der Schüssel werden selbst gebastelte Schiffchen aus Rinde oder Papier zu Wasser gelassen und mit Pusten angetrieben. Das berühmte schwimmende Spielentchen feiert eine fröhliche Renaissance.

Ein selbst gebasteltes Mühlrad – über den Miniteich gelegt – lässt sich mit gedrosseltem Wasserstrahl aus dem Schlauch trefflich bewegen. Oder mit einer Angel (Stock mit einem Magneten an einer Schnur) längliche Metallteile aus dem Wasser fischen. Mit einem kleinen Netz (aus dem Aquariengeschäft) lassen sich ebenfalls allerlei Schätze aus dem Wasser bergen (wasserfester Krimskrams, den die Eltern dort deponieren). All das macht Spaß und lenkt vom elterlichen Gartenteich ab. Die elterliche Aufsichtspflicht bleibt trotz alledem aber weiter bestehen.

***Kindersicherung am** Teich*

***So ist** es am sichersten: Planschbecken statt Teich, bis die Kinder schwimmen können.*

Praktische Grundlagen

Das Teichwasser

Die Qualität eines Teichwassers wird meistens rein subjektiv bewertet: Ist es klar, erwartet man, dass es keine schädlichen Substanzen enthält und sauerstoffreich ist. Wir sind es von unserem kostbarsten (und am besten überwachten) Lebensmittel, dem Trinkwasser, gewohnt, dass es stets klar und sauber aus dem Hahn fließt. Wasser ist ein hervorragendes Lösungsmittel, deshalb sagt der optische Eindruck über die Inhaltsstoffe noch gar nichts aus. Denn Wasser wird stets geprägt von den Stoffen, mit denen es in Berührung kommt. Ganz gleich ob Leitungs-, Regen- oder Teichwasser.
Ob unser Teich funktioniert, richtet sich nach den im Wasser gelösten Stoffen. Kaum ein Wasser gleicht in seiner chemischen und physikalischen Zusammensetzung dem anderen. Auch nicht unser Leitungswasser.

▸ Teichwasser überwachen

Alle Naturgewässer, aber auch die von Menschenhand geschaffenen meist kleinen Gewässer, werden von Naturgesetzen gesteuert. Der Unterschied zu natürlichen Gewässern: Im Teichwasser fehlt der natürliche Zu- und Abfluss und zum Untergrund fehlt, bedingt durch das Dichtmaterial, jeglicher Kontakt. Das hat zur Folge, dass Teichwasser, auch bedingt durch die relativ geringe Behältergröße, in seinen Reaktionen immer relativ labil bleibt.
Hinzu kommt, dass wir als Gartenbesitzer jegliches Leben im und am Teich mitbestimmen. Deshalb ist man auch gehalten, die natürlichen Abläufe unserer Gewässer nach Kräften zu unterstützen. Dazu gehört, die Inhaltsstoffe (Qualität) des Teichwassers mittels guter Wassertests, die es in jedem Fachgeschäft gibt, zu überwachen, um Probleme oder Wasserschäden an den Lebewesen gar nicht erst aufkommen zu lassen.
Keine Angst, wenn Sie noch nie mit Testreagenzien zu tun hatten. Ihre Anwendung ist geradezu kinderleicht.
Vor jeder chemischen sollte eine sensitive (optische und geruchliche) Beurteilung stehen. Wasser, das stark gefärbt ist und muffig oder übel riecht, ist meistens stark belastet und macht eine chemische Analyse unbedingt notwendig.
Die **Karbonathärte (KH)** wird auch (treffender) Säurebindungskapazität genannt, weil sie Säure neutralisieren kann. Sie ist die Summe des gelösten Hydrogenkarbonats beziehungsweise der Kalzium- und Magnesium-Salze und der Kohlensäure. Als pH-Puffer ist sie auch für das Pflanzenwachstum wichtig.
Die **Gesamthärte (GH)** ist unentbehrlich für die meisten Lebewesen im Wasser und wichtig für die Zellfunktion, Skelette, gesunde Kiemen (keine Säureschäden) und den Laich bei Fischen oder die Gehäusebildung von Mollusken. Sie ist die Summe der gelösten Erdalkaliionen (Kalzium- und Magnesiumsalze). Fehlmengen lassen sich mit Präparaten aus dem Fachhandel und kalkhaltigen Filtermaterialien ergänzen. Oder mit einem Teilwasserwechsel. Die Einheit ist Grad deutscher Härte (°dH).
Karbonat- und Gesamthärte werden bereits bei der Erstfüllung geprüft. So kann man bei Kontroll-

***Klares Wasser** ist ein Zeichen für einen gesunden Teich.*

Regelmäßige Wassertests *gehören zur Pflege-Routine.*

analysen sofort erkennen, wie sich die Werte nach oben oder unten verändern. Diese Werte überwacht man monatlich, insbesondere im Herbst (vor dem ersten Frost) und im Frühjahr bei der Schneeschmelze. Optimale Werte sind: Karbonathärte 5 bis 15 °KH, Gesamthärte 7 bis 20 °dH.

Der **pH-Wert des Wassers** ist die Summe aller Säuren und Basen in Wasser und Boden. Eine Messung sagt aus, ob das Wasser neutral (pH 7), sauer (pH 0 bis 6,9) oder alkalisch (basisch) (pH 7 bis 14) ist. Fischverträglich ist ein pH-Wert von 6,8 bis 8,0. Der pH-Wert ist stets in direkter Wechselwirkung mit der KH zu sehen. Große pH-Schwankungen sind unerwünscht und schädlich.

Senken kann man den pH-Wert durch Regenwasserzugabe und säurehaltige Spezialpräparate aus dem Fachhandel; erhöhen durch die Zugabe von hartem bis mittelhartem Leitungswasser.

Im Verlauf des Jahres können die Werte besonders nach der Schneeschmelze immer wieder schwanken. Es empfiehlt sich daher, ein Messprotokoll zu führen, um dokumentieren zu können, wie sehr das Gewässer von verschiedenen Faktoren beeinflusst wird.

Einem weiteren lebenswichtigen Wert wird häufig zu wenig Beachtung geschenkt, der **Wassertemperatur.** Dabei ist der Sauerstoffgehalt von Wasser stark temperaturabhängig. Je kälter das Wasser ist, desto mehr Sauerstoff kann es binden. Warmes Wasser kann weniger Sauerstoff binden, ist zudem leichter als kaltes und weist eine geringere Dichte auf. Warmes Wasser liegt in den oberen Wasserschichten. Je tiefer man misst, zum Beispiel in der Tiefenzone, desto kühler wird es.

Im Winter ist es jedoch genau umgekehrt. In einer Tiefe von über 1 m weist das Wasser die größte Dichte und eine Temperatur von 4 °C auf. Eis entsteht bei Temperaturen um den Gefrierpunkt. Es ist leichter als Wasser und schwimmt deshalb oben. Sowohl im Frühjahr als auch im Herbst findet deshalb eine Wasserumschichtung statt, während der auch häufig Trübungen zu beobachten sind.

Je tiefer also ein Gewässer ist, um so größer sind die Temperaturunterschiede zwischen den einzelnen Zonen (ohne künstliche Umwälzung). Je kleiner ein Gewässer ist, desto schneller erfolgt eine Erwärmung oder Abkühlung.

Je höher die Wassertemperatur, desto schneller verlaufen mikrobielle und chemische Prozesse. Bei Kälte verlangsamen sie sich. Zwischen 18 und 26 °C gedeiht das Teichleben am besten. Steigt die Temperatur über 30 °C, sollte es gekühlt werden (kaltes Leitungswasser zulaufen lassen).

Am einfachsten lässt sich die Temperatur mit einem gut ablesbaren Schwimmthermometer ermitteln. Will man den Wert in größerer Tiefe messen, so wird etwas Wasser aus der Tiefenzone beziehungsweise vom Grund heraufgeholt und sofort mit einem Laborthermometer der Wert ermittelt.

▸ Der Sauerstoffgehalt

Alle Lebewesen im Teich sind auf Sauerstoff (O_2) angewiesen: Fische und Wassertiere zum Atmen, wich-

Kinderleicht, so eine Wasseruntersuchung...

tige Bakterien, um den Schadstoffabbau zu bewerkstelligen. Selbst Pflanzen verbrauchen nachts Sauerstoff.

Ein Sauerstoffmangel kann vielfältige Ursachen haben: zu starke Erwärmung, reichlicher Fischbesatz, zu viel Fischfutter, absterbende Pflanzen (insbesondere im Herbst), eine Algenplage. Sauerstoffmangel ist auch vorprogrammiert, wenn falscher, sauerstoffzehrender Bodengrund im Teich ist. Dann heißt es sofort zu reagieren: Wasser testen und für Abhilfe durch Frischwasser und starke Wasserbewegung (Klärfilter mit Pumpe) sorgen. Ein so genannter Oxydator kann die Bemühungen noch unterstützen, er setzt mit Hilfe eines Katalysators Sauerstoff aus Wasserstoffperoxyd frei.

Um den Sauerstoffgehalt des Wassers zu messen, gibt es im Fachhandel (Aquarienfachgeschäfte) gute Messreagenzien. Noch mehr Aussagekraft hat der Test, wenn man die **Sauerstoffzehrung** ermittelt. Dazu misst man den Wert einmal gegen Mittag und notiert sich das Ergebnis. Dann wird gegen Abend nochmals Wasser aus dem Teich entnommen und in ein verschließbares Gefäß (Erlenmeyerkolben) gegeben (so weit füllen, bis keine Luftblasen mehr vorhanden sind und luftdicht verschließen). Am nächsten Morgen wird dieses Wasser gemessen. Die Sauerstoffzehrung erkennt man aus der Differenz der Messergebnisse. So erhält man einen guten Überblick über den Zustand des Wassers: Je größer die Differenz ist, desto labiler beziehungsweise belasteter ist das Wasser durch Sauerstoff zehrende Stoffe. Nachdem die Ursachen einer Sauerstoffzehrung ermittelt sind, kann man dann sofort durch zusätzliche Filterung, Absaugen von zu viel Mulm oder/und einen Teilwasserwechsel mit kühlerem Wasser Probleme beheben.

Sauerstoffsättigung Der maximale Sauerstoffgehalt (Sättigungswert = 100 %) des Wassers ist von der Temperatur abhängig.

Beispiel: Wenn bei einer Wassertemperatur von 25 °C ein Sauer-

Maximaler Sauerstoffgehalt in Abhängigkeit von der Temperatur

Temperatur	Maximaler möglicher Sauerstoffgehalt
5 °C	12,4 mg/l
10 °C	10,9 mg/l
15 °C	9,8 mg/l
20 °C	8,8 mg/l
25 °C	8,1 mg/l
30 °C	7,5 mg/l

stoffgehalt von 6,5 mg/l gemessen wird, so sind dies nur 80,2 % des maximal möglichen Sauerstoffgehaltes von 8,1 mg/l (siehe Tabelle). Die Sättigung beträgt also 80,2 %, das Sauerstoffdefizit 1,6 mg/l = 19,8 %.

Der Stickstoffkreislauf im Teich

Der Abbau organischer Substanzen wie Falllaub, Fischfutter und Kot, abgestorbene Pflanzenteile oder eiweißhaltige Substanzen (tote Schnecken, Fische) spielt in unseren Gewässern eine große Rolle. Der nötige Stickstoffabbau erfolgt in einem gut eingefahrenen Teich durch Kleinlebewesen, welche die Biomasse zerkleinern und durch abbauende Bakterien, so genannte Destruenten und Reduzenten. Sie benötigen dazu Sauerstoff. Je nach pH-Wert des Wasser entsteht dabei das ungiftige Ammonium (NH_4), das als Pflanzennährstoff wichtig ist. Liegt der pH-Wert über 7, nimmt der Ammoniumgehalt ab und es entsteht hochgiftiger Ammoniak (NH_3). Fische nehmen bereits bei einem Ammoniakgehalt von 0,3 mg/l Schaden.
Nitrosomonas-Bakterien wandeln unter Zuhilfenahme von Sauerstoff (O_2) das NH_3 zum ebenfalls giftigen Nitrit (NO_2) um. In einem gut eingefahrenen Teich oder Filter werden dann die so genannten *Nitrobacter*-Bakterien tätig. Sie verwandeln NO_2 in Nitrat (NO_3). Auch dazu wird Sauerstoff benötigt. NO_3 ist für Fische bis etwa 50 mg/l ungiftig. Wasserpflanzen können bei Werten über 100 mg/l durch Ablagerungen

***Eine Regentonne** hilft, Wasser zu sparen.*

im Blatt Schaden nehmen. Kommen zu erhöhten Nitratwerten auch noch hohe Phosphatwerte (PO_4), zum Beispiel durch zu viel Fischfutter, setzt eine vermehrte Algenbildung ein. Bekämpft man diese mit einem Algenmittel, müssen absterbende Algen sofort abgesaugt werden. Sonst belasten sie durch die in ihnen enthaltenen Nährstoffe den Stickstoffkreislauf aufs Neue.
Fazit: Nur ein funktionierender Stickstoffabbau garantiert uns im Teich ein fisch- und pflanzenfreundliches Milieu.
Sind Ammoniak und Nitrit messbar, liegt eine akute Störung vor. Dann heißt es das Wasser sanieren: einen Filter einsetzen beziehungsweise aktivieren und dem Wasser sofort so genannte Starterbakterien (aus dem Fachhandel) zuzusetzen.
Gibt man nach der Erstfüllung des Teiches zu den Starterbakterien noch etwas Bodensubstrat aus einem gesunden Teich hinzu, beschleunigt dies das Wachstum der Destruenten und Nitrifikanten.

Regenwasser nutzen

Auf kostbares (und zu Recht teures) Trinkwasser kann beim Teichbetrieb getrost verzichtet werden. Man spart Geld und Trinkwasser, wenn man die Fallrohre der Regenrinnen (am besten aus PVC) anzapft, um das Wasser in eine große Zisterne oder hintereinander geschaltete Fässer zu leiten. Mit einer Förderpumpe, die über einen Schwimmer ein- und ausgeschaltet wird, lässt sich im Teich problemlos verdunstetes Wasser nachfüllen.
Da Regenwasser in Stadtnähe (besonders wenn man in der Hauptwindrichtung aus der Stadt wohnt) ebenfalls mit Schadstoffen belastet sein kann, wird es gefiltert: Dazu wird in den Deckel der Tonne ein kreisförmiges Loch im Durchmesser eines runden Pflanzkorbes geschnitten. In den Pflanzkorb gibt man dann ein Säckchen mit guter Filterkohle und ein spezielles Filtermaterial (Zeolith) aus dem Fachhandel, um die Giftstoffe so gut wie möglich auszufiltern. Beim Durchfließen der Filtermassen wird das Regenwasser auch noch von allerlei Substanzen, die angeweht wurden, geklärt.
Neigt das Teichwasser dazu, zu übersäuern, kann man das Regenwasser mit härterem Leitungswasser mischen. Geschieht der Zulauf in den Teich langsam, so wird auch ein Temperaturschock für jegliches Wasserleben vermieden.

Pflanzen im und am Gartenteich

Unter dem Begriff Teich- oder Wasserpflanzen wird im Fachhandel eine reichhaltige Palette unterschiedlichster Arten für alle Teichzonen angeboten. Außerdem Prachtstauden für die Teichanschlusszone, die in der kühlen oder feuchten Teichnähe gut gedeihen. Alle Arten stammen aus gärtnerischen Kulturen und das ist gut so. Man braucht seine Wünsche nicht mehr aus der Natur zu erfüllen, zumal die meisten Arten ohnehin unter Schutz stehen. Selbst Exoten sind im reichhaltigen Angebot. Leider sind nicht alle wirklich geeignet und müssen im Haus überwintert werden.

▸ Nützliche Pflanzen

Die Pflanzen haben in unserem Wassergarten wichtige und vielfältige Aufgaben zu erfüllen. Sie sind mehr als nur zierendes Beiwerk, sie halten das selbst geschaffene Gewässer gesund. Sie produzieren lebenswichtigen Sauerstoff, stabilisieren und verbessern das Teichmilieu. Schädliche Stickstoffverbindungen werden durch Pflanzen abgebaut und aufgenommen; somit sind sie der wichtigste Nahrungskonkurrent der Algen.
Neben der Reinhaltung des Wassers dienen die Teich- und Wasserpflanzen auch als Schutz, zur Tarnung und als Versteck, Reviergrenze und Ablaichsubstrat für Fische, Amphibien und Insekten.
Ihre Blüten stellen eine wichtige Nahrungsgrundlage (Insektenweide) dar. Außerdem sind manche Arten eine wichtige Zukost für Fische.

▸ Pflanzplan erstellen

Als Entscheidungshilfe unentbehrlich und zur besseren Übersicht beim Pflanzen ist ein Pflanzplan hilfreich.
Die Bandbreite des Angebots ermöglicht für jeden Standort, die optimal geeigneten Pflanzen auszuwählen. Je nach erwünschtem Nutzen (zum Beispiel für die Teichgesundheit), ihrem Wert für Fische, ihrem ökologischen Wert (für den Aufbau reicher Lebensgemeinschaften oder als Futterpflanze) gibt es passende Arten und Sorten. Manche blühen lange oder mehrmals im Jahr. Bei wohlüberlegter Auswahl blüht während der gesamten Vegetationsperiode immer etwas. Blüten und Früchte bieten vielen Tieren, insbesondere Vögeln und Insekten, einen reich gedeckten Tisch.
Natürlich müssen Standortansprüche, Wuchshöhe, Ausbreitung, Blütezeit und -farbe sowie die benötig-

***Iris, Funkien,** Astilben, Nelken und Trollblumen am Teichrand*

Gelbe Schwertlilie

***Binsen klären** das Wasser.*

ten Mengen für die Erstbepflanzung berücksichtigt werden.

▸ Zonen bepflanzen

Hilfreich bei der Gestaltung des Teiches und Planung des Pflanzenbesatzes ist es, sich die einzelnen Zonen zu verdeutlichen. So lässt sich ein stimmungsvolles Gesamtbild erreichen, das in der Hauptblickrichtung wie eine Bühne aufgebaut ist. Im Vordergrund eher niedrige Gewächse, nach hinten höhere, die dem Ganzen einen Rahmen geben und Sichtschutz zu den Nachbargrundstücken bieten. Besondere Akzente setzen Dekorationsgegenstände, Solitärpflanzen, Inseln oder Ähnliches. Damit der Teich gut wirkt, bleiben rund zwei Drittel der Wasseroberfläche ohne Bepflanzung.

In der Tiefenzone gedeihen Seerosen und Unterwasserpflanzen als Sauerstoffspender. Die Tiefenzone geht in die Schwimmblattzone über, die mit ihren Blüten und auf dem Wasser schwimmenden Pflan-

Wasser klärende Pflanzen

Ähriges Tausendblatt	*Myriophyllum spicatum*
Ästiger Igelkolben	*Sparganium erectum*
Binsen	*Juncus* spp.
Froschlöffel	*Alisma plantago-aquatica*
Gemeines Schilf	*Phragmites australis*
Kalmus	*Acorus calamus*
Kanadische Wasserpest	*Elodea canadensis*
Krauses Laichkraut	*Potamogeton crispus*
Schmalblättriger Rohrkolben	*Typha angustifolia*
Sumpfvergissmeinnicht	*Myosotis palustris*
Teichsimse	*Scirpus lacustris*
Wasserminze	*Mentha aquatica*
Wasserschwaden	*Glyceria maxima*
Gelbe Wasserschwertlilie	*Iris pseudacorus*

zenblättern Insekten anlockt. In der sich anschließenden Flachwasserzone werden solche Pflanzen platziert, die dauerhaft nasse Füße haben möchten. Demgegenüber kann der Wasserstand in der Sumpfzone öfters wechseln. Hier gedeiht eine große Palette blühender Pflanzen. Die Uferzone wiederum ist etwas trockener. An den Teichrändern und im Hintergrund werden größere Stauden platziert. Die Teichanschlusszone bildet den Übergang zu den anderen Bereichen des Gartens. Diese Zone kann als Sumpfwiese wechsel- bis dauernasse Bereiche aufweisen oder mäßig feucht bis trocken sein (Steppencharakter). Stein- oder Heidegärten als Teichanschluss bieten sich ebenfalls an. Obwohl theoretisch jede Staudensorte geeignet ist, gibt es Arten, die von ihrem Charakter her besonders gut zu Gewässern passen.
Vor allem im Teichhintergrund wirken hoch werdende, imposante und kräftig ausladende Formen mit auffälligen und wuchtigen Blättern wie Wasserdost (*Eupatorium*), Schaublatt (*Rodgersia*) sowie malerische Großgräser. Damit sie nicht wuchern, pflanzt man sie entweder mit einer Rhizomsperre (Wurzelsperre) oder in einen Kunststoffkübel. Im normalen Gartenboden lassen sich mit reichblühenden Arten und außergewöhnlichen Blattschmuckstauden attraktive Rabatten gestalten. Ganz gleich, was Ihrem Geschmack besonders zusagt: Wichtiger als ein kurz geschorener Rasen sind diese bepflanzten Bereiche, weil sie jungen Amphibien nach dem Verlassen des Gewässers Deckung vor ihren Fressfeinden bieten und sich zwischen dem buntem Flor reiche Lebensgemeinschaften aufbauen können. Solche Flächen sind ökologisch besonders wertvoll. Dort werden sich auch kurz über lang allerlei Neuankömmlinge in Ihrem Wassergarten zeigen.
Haben Sie bei allem Schaffensdrang auch noch Geduld! Denn je älter solch eine Anlage wird, desto besser wirkt sie und umso prächtiger wächst und blüht alles.

***Prachtstauden zieren** den Teichhintergrund.*

Die richtige Pflanzzeit

Man kann heutzutage die gesamte Vegetationsperiode nutzen, also vom Frühjahr (April) bis in den Herbst hinein, wenn die Pflanzen anfangen zu welken, denn die meisten Pflanzen werden in so genannten Containern (Plastiktöpfen) kultiviert beziehungsweise unter Glas vorgetrieben. Das birgt allerdings die Gefahr, dass man – von ihrer Üppigkeit gelockt – zu früh kauft und Spätfröste die neu gesetzten Pflanzen gefährden. Vor

allem tropische Exoten wie Wassersalat oder Wasserhyazinthen sind nicht frostfest.
Um die frisch gesetzten heimischen Teichpflanzen zu schützen, kann man ein Schutzvlies einsetzen. Wichtig: Nicht bei großer Hitze auspflanzen, sondern die Abendstunden nutzen.

Beim Kauf beachten

Grundsätzlich kauft man nur dort, wo die Pflanzen mit Namen und Pflegehinweisen etikettiert sind und in einem gesunden Zustand angeboten werden. Das heißt: sattgrün und unbeschädigt. Die Triebe sollen gut sichtbar und kräftig entwickelt sein, nicht vergeilt. Weder Stängel noch Blätter dürfen gelb, geknickt oder gar glasig sein. Knollen und Rhizome (mindestens 10 cm lang) müssen hart sein und dürfen keinesfalls faulig riechen oder Schimmel angesetzt haben. Drehen Sie den Container um und überprüfen Sie die Pflanzenwurzeln. Sind diese weiß und riecht das Substrat nicht nach faulen Eiern, kann gekauft werden.
Bestehen Sie auf stehender Verpackung im Plastikbeutel. Während des Transports dürfen die Pflanzen auf keinen Fall großer Hitze ausgesetzt sein und müssen zu Hause möglichst bald eingesetzt werden.

Das richtige Substrat

Noch bevor die Pflanzen gekauft werden, bereitet man das Pflanzsubstrat vor. Es dient in erster Linie dazu, den Pflanzen den nötigen Halt zu geben.
Unterwasserpflanzen beziehen

Exotische Wasserhyazinthe

ihre Nährstoffe überwiegend direkt aus dem Wasser, jene, die über Wasser (emers) wachsen, ernähren sich über ihre Wurzeln, Knollen und Rhizome aus dem Pflanzsubstrat. Alle brauchen Nahrung, um zu wachsen, ihren Stoffwechsel aufrecht zu erhalten und Photosynthese zu betreiben. Um mit Hilfe ihres Chlorophylls Zellsubstanz aufbauen zu können, brauchen Pflanzen Licht, Kohlendioxyd (CO_2), Nährstoffe und Wasser zur Photosynthese. Bei der Stoffumwandlung wird Sauerstoff (O_2) freigesetzt. Seerosen ernähren sich über das Rhizom (Speicherorgan) und ihre Blattunterseiten. CO_2 und Licht nehmen sie über die Blattoberseite auf.
Das Pflanzsubstrat, in dem die Teichpflanzen wurzeln, sollte möglichst nährstoffarm sein, um Fäulnis und Algenwuchs vorzubeugen.
Ungeeignete Substrate enthalten oft abenteuerliche Mischungen aus meist überdüngtem Teichaushub, reinem Torf, Kuhdung (Pellets), Blutmehl, Bausand oder Lehm. Die Folgen sind katastrophal: Die Pflanzen können das Zuviel an Nährstoffen nicht aufnehmen, der Teich veralgt, der Bodengrund fault und letztlich kann der Teich umkippen. Im trüben Wasser bekommen die Pflanzen nicht mehr genügend Licht. Misserfolg ist vorprogrammiert, wenn man am falschen Ende spart oder auf falsche Ratschläge hört.
Will man nichts dem Zufall überlassen, mischt man das Substrat, in dem die Pflanzen gut wurzeln und mit allem, was sie brauchen, wohlversorgt wachsen zu können, selbst. Bewährt hat sich folgende Mischung: Fluss- oder Quarzkies mit einer Körnung von 3 bis 7 mm; darunter mischt man einen so genannten Langzeitdünger aus dem Fachhandel (genau nach Gebrauchsanweisung dosieren). Das reicht für das erste und zweite Jahr. Weitere Nährstoffe entstehen im Laufe der Zeit im Teich beziehungsweise sammeln sich durch natürlichen Eintrag an und werden Tag für Tag an die Pflanzen gespült.

Teichdüngung

Starke Nährstoffzehrer wie Seerosen und Schwertlilien versorgt man mit so genannten Düngekugeln mit Lehmzusatz und Spurenelementen, die neben dem Rhizom in das Substrat gesteckt werden. Alle weiteren Düngemaßnahmen nach zwei Jahren müssen kalibetont sein. Sie

***Vor dem** Pflanzen den Wurzelstock eventuell teilen und gut säubern.*

dürfen weder Stickstoff (N) noch Phosphat (PO_4) enthalten. Seerosen bekommen alljährlich im Frühsommer eine Nachdüngung in Form von Düngekugeln, die in das Substrat gedrückt werden.
Sollten im Teich wider Erwarten Blätter vergilben und die Unterwasserpflanzen nicht wachsen, obwohl das Wasser in Ordnung ist, kann man über das Wasser flüssige Nährstoffe aus dem Fachhandel nachdosieren.

Auspacken, Säubern und Pflanzen

Zu Hause angekommen, werden die erstandenen Pflanzen vorsichtig ausgepackt, gewässert und in den Schatten gestellt. Dabei kann man sie bereits nach dem Pflanzplan sortieren und zurechtlegen. Pflanzkörbe und feuchtes Substrat werden in Reichweite bereitgehalten. Als nächster Schritt werden die benötigten Körbe zur Hälfte mit neuem Substrat gefüllt.
Bei den gekauften Pflanzen wird das Substrat restlos über einer Wanne abgespült. Nachdem es etwas angetrocknet ist, kann es auf dem Kompost entsorgt werden. Anschließend die Pflanzen sorgfältig mit einem feinen Wasserstrahl abspritzen und dabei von allen anhaftenden Partikeln wie Pflanzenresten, Wasserlinsen, Algen und Schneckenlaich oder Käfern befreien. Dann wird Welkes oder Geknicktes mit einer scharfen Schere abgeschnitten. Stängelpflanzen sollten vor dem Stecken um 1 bis 3 cm eingekürzt und die unteren Blätter auf 2 bis 5 cm entfernt werden.
Anschließend werden die Pflanzen sorgfältig eingesetzt (nicht knicken oder quetschen). Bei Rosettenpflanzen, Knollen und Rhizomen kommt der Austrieb möglichst in die Mitte des Korbes. Dabei nur bis knapp unterhalb des Austriebs mit Substrat auffüllen. Seerosenrhizome können zum besseren Halt mit einer Schnur am Korbboden festgebunden werden.
Der Pflanzkorb kann nun mit Substrat oder Abdeckmaterial bis zum Rand aufgefüllt werden. Bei geplantem Fischbesatz bedeckt man die Oberfläche mit einer 3 bis 5 cm hohen Kieselschicht.
Anschließend wird der Korb gut angefeuchtet (damit nichts aufschwimmt) und vorsichtig an den vorgesehenen Platz im Teich gesetzt.
Bei der Neuanlage wird bereits einige Tage vor dem Bepflanzen der Teich zum Teil mit Wasser gefüllt. Bepflanzt wird Zone nach Zone von innen nach außen. Dabei wird der Wasserstand stetig bis etwa 10 cm über den Korbrand hinaus weiter erhöht. Frei flutende Pflanzen werden am Teichboden deponiert und dann sich selbst überlassen.
Seerosen kommen in die Flachwasserzone, bis sich das Wasser auf etwa 25°C erwärmt hat und die Pflanzen mehrere Blätter gebildet haben. Erst dann werden sie auf den vorgesehenen Platz abgesenkt.
Schwimmpflanzen kommen als letzte in ihr neues Domizil.
In Fertig-, Beton- oder Schwimm-

teichen kann man mit Podesten unterschiedliche Teichtiefen schaffen, um den Ansprüchen der Pflanzen in Bezug auf die Wassertiefe gerecht zu werden. Außerdem besteht die Möglichkeit, mit eingehängten Balkonkästen oder ähnlichem Steilufer zu begrünen.

Ist alles untergebracht und richtig platziert, wird die Geduld noch auf eine harte Probe gestellt. Denn erst nach einigen Wochen kann man mit sichtbarem Wachstum rechnen und erst im folgenden Jahr werden die Pflanzen das halten, was man sich von ihnen versprochen hat. Dann kann man sie notfalls mit ihren Pflanzkörben auch nochmals umgruppieren.

***Eine Kiesschicht** verhindert das Aufwirbeln von Substrat*

Selbst Vermehren

Um den Bestand beziehungsweise die Ausbreitung der ausgewählten Teichpflanzen braucht man sich kaum Gedanken zu machen. Einmal angewachsen, wachsen und verbreiten sie sich meistens sehr gut. Man wird eher das Problem haben, dass manche Arten stark bis sehr stark wachsen und dann andere Arten überwuchern, wenn ihnen nicht rechtzeitig durch Rückschnitt oder Umgruppierung im Frühjahr Einhalt geboten wird.

Viele Pflanzen samen sich nach der Blüte aus. Man kann bei solchen Arten die Samen sammeln und selbst wieder aussäen oder die Samen dort keimen lassen, wohin sie fallen. Das bringt aber das Risiko einer unkontrollierten Ausbreitung mit sich.

Will man Samen gezielt aussäen, sollten sie gut ausgereift sein und trocken geerntet werden. Andere Arten vermehren sich vegetativ über Seitensprosse. Diese braucht man nur abtrennen und an anderer Stelle, wenn gewünscht, einzusetzen.

Genauso verfährt man mit Pflanzen, die Ausläufer bilden. Rhizompflanzen teilt man im Frühjahr. Horstbildende Arten lassen sich ebenfalls im Frühjahr teilen; sie werden sofort in einen mit Substrat bestückten Korb eingesetzt und weiter kultiviert.

Probleme mit Exoten

Leider sind manche Arten nicht oder nur bedingt winterhart. Dazu gehören tropische Seerosen, Wasserhyazinthen, tropischer Schwimmfarn, Wassermohn, Zwergpapyrus, Zyperngras, Zwergkalmus und Wassersalat (Muschelblume). Sie werden leider oft ohne Warnhinweis angeboten – dazu noch vor den ersten Frösten beziehungsweise vor den Eisheiligen. Sie sind außerdem empfindlich gegen Nässe von oben und wachsen bei zu kalter Witterung nicht mehr. Kurz gesagt: Sie vertragen klimabedingte Wechselbäder schlecht, weil sie eben Kinder der Tropen sind. Um überhaupt zu blühen, brauchen sie warmes Wasser und viel Sonne.

Deshalb muss man die Überlebenden noch vor dem ersten Frost ins Haus holen, um sie in einem Aquarium oder in einer Schale am Südfenster im Warmen – auch im geheizten Wintergarten – oder in einem Zimmerteich zu überwintern. Natürlich stellt sich die Frage, ob man nicht besser gleich auf sie verzichten sollte.

***Exoten** wie dieser Wassermohn (Hydrocleys nymphoides) sind nicht winterhart!*

Fische im Gartenteich

***Teiche für** Fische müssen groß genug sein.*

Der Wunsch, Fische zu pflegen, ist bei vielen Menschen das Hauptmotiv für das Anlegen eines Gartenteichs. Gerade Kinder schätzen ihre Fische sehr, füttern und beobachten sie begeistert.

Beim Für und Wider für einen Fischteich scheiden sich die Geister. Oft heißt es, in einem Fischteich können andere Kleintiere kaum überleben. Realität ist aber auch, dass in einem fischlosen Gewässer der Artenreichtum an Wassertieren nur so lange größer ist, bis nach einiger Zeit Libellenlaven oder Gelbrandkäfer den Bestand an Kleingetier wieder dezimieren.

***Goldfische im** Gartenteich*

Um möglichst vielen Interessen gerecht zu werden, sollten alle, die nicht auf Fische verzichten wollen, folgende Punkte beachten:

- den Teich mit reich strukturierten Zonen so groß wie möglich bauen
- einen zusätzlichen Filterteich mit vielen klärenden Pflanzen anlegen
- um den Fischteich herum mehrere Kleinteiche, die fischfrei bleiben, anlegen oder den Fischteich mit Steinen so abteilen, dass eine dicht bepflanzte Teichpartie fischfrei bleiben kann
- das Gewässer nicht überbesetzen (10 bis 15 cm Fisch auf 500 l Wasser)
- die Fische auf keinen Fall sofort nach dem Einfüllen des Wassers einsetzen; optimal ist es, die Fische erst nach einem Jahr einzusetzen, wenn das Wasser fischgerecht aufbereitet, der Fil-

***In einem** so kleinen Teich fühlt sich kein Fisch wohl!*

ter eingefahren ist (sich auch entgiftende, Stickstoff abbauende Bakterien in genügend großer Anzahl gebildet haben) und die Pflanzen angewachsen sind

- vorher die Wasserwerte (pH-Wert, Härtegrad sowie Ammonium, Nitrat und Sauerstoff) überprüfen oder vom Fachhändler überprüfen lassen
- Raubfische wie Katzenwelse, Hechte, Zander oder nordamerikanische Barsche haben in einem Gartenteich nichts verloren – außer um das Gewässer fischfrei zu machen

Damit die Fische sich wohl fühlen, wachsen und gedeihen, brauchen sie immer einen ihnen zusagenden Lebensraum und beste Wasserqualität. Dabei spielt natürlich die Wassermenge, die den Fischen zur Verfügung steht, eine ausschlaggebende Rolle. Viele der beliebten Arten wie Koi und Goldkarpfen können recht groß werden und sind deshalb auf eine ihrem Schwimmbedürfnis angepasste Wasserfläche angewiesen. Außerdem brauchen viele Arten Wasserpflanzen als Verstecke und Ablaichplätze. Diesen Bedürfnissen ist unbedingt Rechnung zu tragen. Wer glaubt, in einem 600-Liter-Fertigteich genügend Platz für sechs bis zehn Goldfische zu haben, der wird schnell eines besseren belehrt, wenn die Tiere sich bei guter Pflege reichlich vermehren. Wenn man nur Männchen beziehungsweise Weibchen kauft, ergibt sich dieses Problem natürlich nicht.

Weiter ist der Wunsch beziehungsweise der menschliche Sammeltrieb nach möglichst vielen bunten Arten, die wiederum Platz brauchen, zu berücksichtigen. Ein Fischteich sollte deshalb eine Wasseroberfläche von mindestens 9 m^2 aufweisen. Damit alle Fische lange und strenge Winter überstehen, muss der Zierfischteich mindestens 1, besser 1,2 m tief sein. Mangelnde Wassertiefe, besonders wenn sie weniger als 80 cm beträgt, lässt sich mit keiner noch so ausgeklügelten Technik ausgleichen.

Die Erfahrungen bei strengen und frostreichen Wintern haben gezeigt, dass viel zu viele Teiche zu

***Lassen Sie** sich bei der Auswahl der Fische beraten und nehmen Sie sich genug Zeit!*

flach sind. Wer nur auf milde Winter baut, sollte den Tieren zuliebe besser auf die Haltung von Fischen verzichten. Außerdem muss man unbedingt berücksichtigen, dass in einem Fischteich üblicher Größe auch bei einer vernünftigen Besatzdichte gefüttert wird und die Fische immer wieder Mulm aufwirbeln, sodass sowohl ein leistungsstarker Filter als auch eine gezielt durchgeführte Wasserpflege (Seite 50) notwendig werden.

Die Auswahl der Fische

Gute Fachgeschäfte halten eine große Auswahl an geeigneten Fischarten für den Gartenteich bereit. Ob Sie sich für die schlicht gefärbten einheimischen Arten oder für bunte Goldfisch- und Koi-Variationen entscheiden, hängt vom persönlichen Geschmack und Ihren individuellen Vorstellungen ab.

Die Artenbeschreibungen (Seite 63) helfen Ihnen sicher bei der Kaufentscheidung. Wichtig ist es, den Besatz so auszuwählen, dass die Fischarten zueinander passen, sich ergänzen und sich nicht wesentlich stören. Es ist äußerst schwierig, wenn nicht gar unmöglich, eine allgemein gültige Empfehlung für die Besatzdichte auszusprechen. Zu unterschiedlich sind das Wachstum, das Nahrungsbedürfnis, das Verhalten und die Vermehrungsrate der verschiedenen Arten.
Um Enttäuschungen und Überraschungen vorzubeugen, ist es am besten, wenn Sie sich vor Ort vom Fachhändler beraten lassen und mit ihm vor dem Kauf den endgültigen Besatz abstimmen.

Der Fischkauf

- achten sie auf gute Präsentation (gut einsehbare Verkaufsbehälter)
- sauberes, klares Wasser ist ein gutes Zeichen
- gesunde Fische schwimmen ruhig atmend, aber quicklebendig mit gespreizten Flossen frei im Wasser
- wird etwas Futter gereicht, fressen sie sofort davon
- krumme Messerrücken oder hohle Bäuche deuten auf schlechte Haltungsbedingungen hin
- wenn Fische mit blutunterlaufenen, verpilzten oder offenen Stellen zu sehen sind, vom Kauf absehen, ebenso, wenn sie sich winden, scheuern oder auf den Boden oder apathisch in Ecken liegen
- auf den Flossen oder am Körper dürfen keine weißen Punkte oder fädige Schleimabsonderungen zu sehen sein
- sichtbarer Kot sollte geformt (fest und nicht fädig) sein
- nur mit feinem Netz fangen lassen
- bitten Sie den Fachhändler darum, dem Transportwasser einige Tropfen eines gutes Wasseraufbereitungsmittels gegen den Transportstress zuzusetzen

Transport und Einsetzen

Nach dem Eintüten (am besten unter Wasser) sollte man mit den Fischen sofort den Heimweg antreten. Den Transportbehälter nicht auf den heißen Autositz legen!
Am Teich angekommen, wird sofort ausgepackt: Den Beutel öffnen, ein Drittel des Transportwassers abschütten und mit der gleichen Menge Teichwasser wieder auffüllen. 5 Minuten warten. Nach drei-

Langsames Einsetzen in den neuen Teich reduziert den Stress für die Fische.

maligem Wiederholen der Prozedur können die Fische in den Teich schwimmen.
Zwei Wochen lässt man sie völlig in Ruhe und füttert sie dann ganz behutsam an. Nur soviel füttern, wie innerhalb weniger Minuten restlos verzehrt wird.

Goldfische

Goldfische (*Carassius auratus*) und ihre bunt gefärbten und vielgestaltigen Artgenossen sind seit langem bekannt und beliebt. Schon etwa 1.000 v. Chr. haben sich die Chinesen mit der Zucht dieser beliebten Fische befasst. Bei uns wurden sie 1691 in Porzellangefäßen aus China eingeführt. Wenn man die heute im Handel angebotenen Zuchtformen und die vielen Farbschläge betrachtet, so kann man es kaum glauben, dass alle diese Fische von der eher unscheinbaren Silberkarausche (*Carassius auratus auratus*), von den Chinesen Chi genannt, abstammen. Silberkarauschen bewohnen noch heute asiatische Gewässer. Aus Fernost kommen noch immer wenig bekannte Züchtungen zu uns.

Da nicht alle winterhart sind, sollte man sich vor dem Kauf vom Zoofachhändler beraten lassen, ob sie im Aquarium, Zimmer- oder Gartenteich gepflegt werden können. Goldfische werden etwa 20 bis 30 cm lang. Obwohl sie als Allesfresser gelten, haben sie doch ein Recht auf bestes Futter. Der Geschlechtsunterschied ist, wie bei den meisten Karpfenartigen (Cypriniden), auch für den Laien sichtbar: Die Weibchen sind insgesamt fülliger und haben einen nach außen gewölbten (konvexen) Bauch. Die männlichen Tiere sind schlanker, haben einen etwas nach innen gezogenen Bauch (konkav) und zeigen in der Laichzeit den so genannten Laichausschlag (besonders am Kopf). Goldfische sind sehr fruchtbar und können sich auch im Gartenteich vermehren.
Was die Chinesen aus der unscheinbaren Silberkarausche herausgezüchtet haben, verdient unsere uneingeschränkte Bewunderung – auch wenn die Zuchtformen nicht unserem Geschmack entsprechen. Da gibt es silberne Fische mit rotem Kopffleck, gescheckte, fast blaue und rein schwarze Tiere mit langen, schleierartigen Flossen, Triangel-Flossen, Blasenaugen, Teleskopaugenfische (mit nach außen gerichteten Stielaugen), Löwenköpfe (mit wulstigen, schwammigen Hautwucherungen auf dem Kopf), Fische mit eiförmigen Körpern, mit und ohne Rückenflosse, die wie pures Gold glänzen, perlschuppige Fische, die wie bunte Tannenzapfen aussehen, und noch viele weitere Formen. Sie alle wer-

den in Asien deshalb so geschätzt, weil man dort die Fische nicht durch die Aquarienscheiben von vorne, sondern in vielerlei Gefäßen, vor allem aber auch in den Teichen von oben bewundert. Durch manche übertriebene Zuchtrichtungen wird die Bewegungsfreiheit der Fische jedoch stark eingeschränkt, sodass die Grenze zur Tierquälerei schnell überschritten ist. Hier ist eindeutig von so genannten Qualzuchten zu sprechen.
Goldfische sind ausdauernde und empfehlenswerte Pfleglinge, die von kaum einem anderen Zierfisch an Popularität übertroffen werden.

▸ Orfen

Ganz weit vorne in der Beliebtheitsskala sind auch die Orfen (*Leuciscus idus*).
Besonders ihre Zuchtformen, die Goldorfe und neuerdings auch eine blaue Form finden immer mehr Freunde unter den Teichbesitzern. Orfen sind Oberflächenfische und nehmen neben den dargereichten Futterflocken auch Mückenlarven und so manches Schadinsekt von der Wasseroberfläche auf. Obwohl sie etwa 35 bis 50 cm lang werden können, sollte man diese Fische im Schwarm (mindestens 7 Tiere) halten. Orfen lieben sauerstoffreiches Wasser. Schon lange bevor zum Beispiel Goldfische an der Wasseroberfläche anfangen, heftig nach Luft zu schnappen, zeigen die Orfen dieses Verhalten. Auf Wasserverschlechterung, zum Beispiel Einleitungen von Schadstoffen, reagieren diese Fische sofort mit heftiger Atmung und Schleimhautschäden (rote Flecken). In genügend großen Gartenteichen, etwa 10 m^2 Wasseroberfläche sind ausreichend, vermehren sich die Orfen auch. Mit einiger Erfahrung kann man die schlankeren Männchen von den etwas fülligeren Weibchen unterscheiden.

Goldorfen sind *Oberflächenfische.*

▸ Japanische Koi

Japanische Koi (*Cyprinus carpio*) stammen von Karpfen und dem schwarzen Lederkarpfen ab und werden auch bei uns in Deutschland immer beliebter. Auch wenn der Enthusiasmus, der in Japan, Taiwan, England oder Belgien entwickelt wird, bei uns noch nicht voll durchschlägt, sind Koi dabei, dem beliebten Goldfisch seinen Rang abzuschwimmen. Im Mutterland der Koi nennt man sie Nishikigoi (Nishiki = Brokat). Der Grund ihrer Beliebtheit ist sicher in ihrer Farbenpracht und Zeichnungsvielfalt, aber auch in ihrer einfachen Haltung zu suchen. Koi sind, wie der heimische Karpfen, in möglichst großen (ab 15 m^2 Wasseroberfläche) und 1, besser 1,2 m tiefen Teichen zu pflegen. Für jeden erwachsenen Koi rechnet man mindestens 1.000 Liter Wasser.
Farbkarpfen kennt man in China schon seit etwa 2.500 Jahren. Vor etwa 200 Jahren begann man in Japan mit deren Hochzucht. Durch gezielte Kreuzungen von Farbmutationen und akribische Zuchtauswahl entstanden die heutigen Grund-Zuchtformen. Das Zentrum der japanischen Koi-Zucht liegt in der Mitte der Niigata-Präfektur in Japan. Tiere, die von dort stammen,

eignen sich besonders gut für unsere Gartenteiche, denn auch im Niigata-Distrikt gibt es strenge Winter mit Schnee und Eis. Die Koi-Zucht hat in Japan schon eine lange Tradition, gelten Koi doch von jeher als ein Symbol für Wohlstand, Glück, Mut und Erfolg. Aus diesen Gründen sind sie auch ein willkommenes Geschenk zu vielen Gelegenheiten.

Die Fische laichen in Japan häufig in Naturteichen von April bis Mitte Oktober.

Koi-Karpfen sind bei guter Fütterung schnellwüchsig, wie das folgende Beispiel zeigt: Schon im ersten Lebensjahr können sie bis zu einer Größe von 20 cm heranwachsen, im zweiten auf 30 bis 35 cm und im dritten bis 50 cm. Ausgewachsene Tiere können im Verlauf von etwa 10 Jahren die stattliche Länge von 70 cm und mehr erreichen. Im Gartenteich bleiben sie meist kleiner. Koi können recht alt werden, 50 bis 70 Jahre sind in Japan keine Seltenheit.

Außergewöhnlich gut gefärbte und wohl proportionierte Tiere erzielen im Land der aufgehenden Sonne auf den jährlich stattfindenden Ausstellungen und Auktionen geradezu astronomische Preise.

Es gibt sicher einige hundert Farbspielarten, einfarbige, zweifarbige und mehrfarbige Variationen. Die wichtigsten Farbspielarten seien hier kurz genannt: der einfarbige, meist gold- und platinfarbene Ogon, der silber- und goldgemusterte Hikarimoyo mono und der dunkle, meist gelb-schwarze Kawarimono.

Koi können *beim Füttern temperamentvoll sein.*

Zu den beliebtesten Koi gehört der so genannte Beko, dessen Basisfarbe Weiß, Rot oder Gelb ist, mit andersfarbigen Flecken. Kohaku wird der populäre rot-weiße Koi genannt. Utsuri-Koi sind schwarz-gelb, schwarz-rot oder schwarz-weiß gezeichnet. Der Asagi-Koi weist verschiedene Grundfarben mit einem blauen Rücken auf.

Koi sind *etwas ganz besonderes!*

***Koi in** verschiedenen Farben*

Shusui haben einen dunkelblauen Rücken. Der Tancho-Koi ist weiß mit einem einzigen roten Fleck auf dem Kopf (wie die japanische Flagge). Der Koromo ist eine Mischung aus Asagi und Kohaku. Die schwarz-weiß-roten Showa-Koi sind für jeden Teich eine besondere Zierde. Ebenso farbenprächtig ist der Taisho Sanke, bei dem auf weißem Untergrund rote und schwarze Flecken zu finden sind. Hikari Utsurimono ist eine gelungene Mischung aus Utsuri und Ogon. Ganz bezaubernd sind Ginrin, deren Rücken auffällig glänzt. Chagoi sind sehr gefragt, obwohl sie etwas schlichter gefärbt sind, weil sie handzahm und zutraulich werden können.

Doitsu (Einkreuzung deutscher Spiegelkarpfen) tragen große Schuppen auf dem Rücken. Auffällig und beliebt sind weiß-rote Kuchi Benis Kohakus mit ihren auffällig roten Lippen, die von Kennern geschätzt werden.

Generell geht auch bei uns der Trend zu exzellent gebauten und toll gefärbten Exemplaren. Diese farbigen Juwelen wirken in flachen Teichen zwar besser, aber man sollte sich auf keinen Fall darauf verlassen, dass der Winter mild genug ist, um die Tiere im Teich überwintern zu lassen. Besonders gefährdet sind auch Koi, die aus Israel und anderen warmen Ländern importiert wurden. Sie überstehen in den seltensten Fällen das erste Jahr unbeschadet, wenn der Teich zu flach ist. Eine Überwinterung in einem frostfreien Raum ist dann angeraten. Es versteht sich von selbst, dass man diese Fische in einem genügend großen Aquarium oder kleinen Fertigteich, die abdeckbar und mit einem leistungsstarken Filter ausgestattet sind, im Haus überwintern lässt. Tiere, die im mindestens 120 cm tiefen Teich verbleiben, muss man bis weit in den Herbst hinein (solange sie Nahrung aufnehmen) füttern.

Ein Teichheizer (niemals einen Aquarienheizer verwenden!) wird immer in Kombination mit einem Ausströmer oder einer Pumpe eingesetzt, um das erwärmte Wasser wirkungsvoll zu verteilen.

Da Koi gerne gründeln, sollte der Bodengrund substratfrei und die Pflanzenkörbe gut mit grobem Kies abgedeckt sein. Bei der Pflege von Koi ist der Einsatz eines möglichst großen und leistungsstarken Filters unverzichtbar.

Diese farbenprächtigen Fische lassen sich auch bedenkenlos mit anderen Arten, die sie nicht belästigen, vergesellschaften, und man ist auch nicht gezwungen, einen großen Schwarm zu pflegen. Es genügen schon wenige Tiere, um den Teich zu beleben, obwohl ein Schwarm Koi in einem großen Teich mehr als reizvoll ist.

▸ Einheimische Fischarten

Ebenfalls für Gartenteiche gut geeignet ist die von dem einheimischen **Rotauge** (*Rutilus rutilus*), in der Umgangsprache auch **Plötze** genannt, abstammende Goldplötze. Goldplötzen sind ruhige, friedliche Fische, die gerne im Schwarm die mittleren bis oberen Wasserschichten beleben. Sie werden bei guter Pflege 20 bis 35 cm lang und fressen neben so manchem Wasserinsekt auch das angebotene Teichfischfutter gerne. Im

***Japangarten mit** Teich – ideal für Koi*

Gartenteich vermehren sie sich gut. Zur Laichzeit sind die Weibchen an ihrem deutlich kräftigeren Leibesumfang gut von den schlankeren Männchen zu unterscheiden. Auf Grund ihrer Goldfärbung sind sie weitaus beliebter als die Naturform, die in sanft fließenden bis stehenden Gewässern vorkommt. Dem Rotauge recht ähnlich sieht die ebenfalls beliebte **Rotfeder** (*Scardinius erythrophthalmus*), von der es auch eine schön gefärbte Form – die **Goldfeder** – gibt. Als Unterscheidungsmerkmal gilt die steile Maulspalte der Rotfeder, beim Rotauge ist sie nur leicht angeschrägt. Das Rotauge hat eine rot umrandete Pupille, bei der Rotfeder ist diese messingfarben. Die Rotaugen-Rückenflosse liegt über dem Bauchflossenansatz, bei der Rotfeder liegt er deutlich dahinter. Die Rotfeder-Rückenflosse ist leicht nach innen gewölbt, beim Rotauge gerade. Rotfedern fressen gerne neben allerlei Wassergetier auch Pflanzen und natürlich Teichfutter. Sie eignen sich auch gut zur Algenbekämpfung. Feinfiedrige und weichblättrige Unterwasserpflanzen gelten bei der Rotfeder ebenfalls als Zukost. Die Rot- und Goldfeder wird etwas größer als die vorher beschriebenen Plötze. Bei guter Pflege kann sie im Teich durchaus 30 bis 40 cm erreichen. Man kann beide Arten gut mit anderen vergesellschaften. Die Zucht ist im Teich einfach. Der reichliche Nachwuchs kann allerdings zum Problem werden (Überbevölkerung).

Unter den goldenen Fischen finden wir im Angebot des Zoofachhandels eine Zuchtform der Schleie (*Tinca tinca*) – die **Goldschleie**. Sie ist wie die einheimische Naturform leicht zu pflegen. Als dämmerungsaktiver Fisch, der hauptsächlich den Bodengrund besiedelt, ist ihr Auge hervorragend dem Sehen in der Dämmerung angepasst. Der eher ruhige Fisch kommt höchst selten zur Wasseroberfläche – er wartet lieber auf das Futter, das nach unten fällt. Die Schleie vermehrt sich im Gartenteich recht willig. Ihre zahlreichen Eier legt sie gerne zwischen feinfiedrigen Pflanzen ab. Gut genährte Tiere erreichen eine Größe von etwa 50 cm, was sie nur für große Teiche als empfehlenswert erscheinen lässt.

Wer sich einen Zierfischbestand mit einheimischen Fischen zulegen will, der ist auf die Nachzuchten,

***Bitterlinge benötigen** zum Laichen eine Malermuschel.*

die es in gut sortierten Zoofachgeschäften gibt, angewiesen. Die Entnahme aus Naturgewässern findet nicht immer die Zustimmung des Besitzers oder Pächters. Außerdem ist das Risiko, sich aus einem fremden Gewässer unliebsame Gäste (Parasiten) einzuschleppen, recht groß.

Für den Gartenteich sind nur solche Fische geeignet, die in stehenden und häufig recht warm werdenden Gewässer leben können. Es kommt auch darauf an, bei welchen Temperaturen sie beim Züchter gehalten wurden.

Gut geeignet ist die **Karausche** (*Carassius carassius*), die im natürlichen Gewässer etwa 20 bis 30 cm groß werden kann. Im Naturteich lässt sich dieser friedliche Fisch sehr gut pflegen und ist überaus widerstandsfähig. Er frisst das angebotene Teichfutter gerne und gedeiht dabei hervorragend. Die Nachzucht gelingt ebenfalls im Gartenteich. Das Weibchen setzt etwa im Mai/Juni seine zahlreichen Eier klumpenweise an Wasserpflanzen ab.

Der **Bitterling** (*Rhodeus sericeus amarus*) ist der kleinste heimische Karpfenfisch. Bitterlinge lieben gut bepflanzte Gewässer. Sie werden etwa 5 bis 9 cm lang und sind überaus hübsch gefärbt (besonders die Männchen zur Laichzeit). Sie lieben es, auf Nahrungssuche im Schwarm die pflanzenreichen Regionen ihres Gewässers zu durchstreifen. Dabei suchen sie nach kleinen Würmern, Insekten aller Art sowie nach Kleinkrebsen und Wasserflöhen. Sie verschmähen selbst Algen nicht. Zur Fortpflanzung (je nach Wassertemperatur findet diese zwischen April und Juni statt) benötigt der Bitterling eine Teich- oder Malermuschel. Das Weibchen legt mit seiner mehrere Zentimeter langen Legeröhre, die es in die Ausströmöffnung der Muschel einführt, seine Eier ab. Das Männchen stößt dann über der Atemöffnung der Muschel seinen Samen aus, der mit dem Atemsog in die Muschel gelangt und die Eier befruchtet. Die Fischlarven schlüpfen nach 2 bis 3 Wochen und verlassen, wenn der Dottersack aufgezehrt ist, die Muschel durch die Atemöffnung. Bitterlinge gehören zu den schönsten und auch interessantesten Fischen unserer Heimat.

Neben dem Bitterling werden im Zoofachhandel hin und wieder auch Nachzuchten des **Moderlieschens** (*Leucaspius delineatus*) angeboten, eines unscheinbaren, schlicht silbergrauen bis graugrünen Fischchens, das im Naturteich nur im Schwarm zur Geltung kommt. Diese zarten, 5 bis 9 cm lang werdenden Fische sind recht anpassungsfähig und ausdauernd. Sie bevorzugen die oberen Wasserschichten, die ruhig sonnendurchflutet sein können, als Lebensraum. Als Nahrung dient neben Pflanzen alles, was in ihr kleines Maul passt. Die Laichzeit fällt auf die Monate April/Mai. Vom Weibchen werden die Eier an Wasserpflanzenstängeln abgelegt. Das Männchen betreibt sogar Brutpflege. Alles in

***Moderlieschen können** sich stark vermehren.*

***Elritzen lieben** kühles, sauerstoffreiches Wasser.*

allem ein empfehlenswerter Kleinfisch für den Kenner.
Ähnlich gefärbt ist der **Ukelei** (*Alburnus alburnus*). Dieser Fisch lebt ebenfalls gerne in den oberen Wasserregionen als Schwarmfisch. Klare Gewässer sind sein bevorzugter Lebensraum. Als Nahrung dienen den Fischen, die 10 bis 20 cm lang werden können, Insekten, deren Larven und Kleintiere aller Art sowie auch Algen. Der Ukelei besitzt nicht die kurze, sichtbare Seitenlinie des Moderlieschens. Wenn sich die Tiere wohl fühlen, so vermehren sie sich auch reichlich.
Als Aquarienfische sind Stichlinge leider etwas aus der Mode gekommen. Sie mussten noch farbenprächtigeren Exoten Platz machen. Dabei haben Generationen von Aquarianern das interessante Fortpflanzungsverhalten beobachtet und erste aquaristische Erfahrungen mit ihnen gemacht.

Der **Dreistachlige Stichling** (*Gasterosteus aculeatus*) wird etwa 5 bis 10 cm lang. Auf dem Rücken trägt er drei bewegliche Stacheln. Zusätzlich ist er mit Bauchstacheln ausgerüstet. Während der Laichzeit, die von März bis Juli dauern kann, nimmt das Männchen am Rücken eine blauschwarze bis olivgrüne und am Bauch eine intensiv rote Färbung an. Das laichwillige Männchen baut ein kunstvolles Nest aus Pflanzenteilen – direkt am Gewässerboden -, in das die laichreifen Weibchen ihre Eier ablegen. Das Männchen betreibt eine intensive Brutpflege, es säubert und befächelt die Eier und vertreibt auch größere Feinde aus seinem Revier. Außerhalb der Laichzeit ist das männliche Tier wie das weibliche blaugrau bis olivgrün gefärbt. Der Bauch schimmert bei beiden Tieren silbern.
Der Dreistachlige Stichling kommt in den Flachwasserzonen verkrauteter Gewässer vor. Er lebt im Meer-,

***Gesunder Teich** für gesunde Fische*

Silberkarpfen (Mitte) *und Graskarpfen darüber*

Brack- und Süßwasser. Die Nahrung des kleinen, aber gefräßigen Räubers besteht aus Lebendfutter aller Art. Er hält nicht nur den Gartenteich mückenfrei, sondern er kann auch unter Jungfischen und der Wirbellosenfauna einigen Schaden anrichten. Diese interessanten und anpassungsfähigen Fische können in einem kleinen Teich sehr schnell überhand nehmen. Sind sie erst einmal im Gartenteich heimisch geworden, so muss man ihre Zahl in Grenzen halten.

Neben dem Dreistachligen Stichling wird auch der **Zwergstichling** (*Pungitius pungitius*), der auch als **Neunstachliger Stichling** bekannt ist, angeboten, obwohl die Zahl der Stacheln, die bei ihm schwächer als die des Dreistachligen Stichlings sind, zwischen neun und zwölf beträgt. Er erreicht nur eine Größe von etwa 7 cm. Die Stichling-Arten sind nicht nur unterschiedlich wehrhaft, sie unterscheiden sich auch sonst: Der Zwergstichling ist wesentlich scheuer, er baut sein Nest zwischen Wasserpflanzen versteckt eine Etage höher als sein dreistachliger Vetter und ist zur Laichzeit auch nicht so farbig. Er wirkt dann mehr schwarz. Nach dem Kauf muss man ihn sehr langsam umgewöhnen, da er auf Wasserveränderungen mit Verpilzungen der Schleimhaut reagieren kann.

Nur wenn der Gartenteich kühl (etwa 23 °C) und sauerstoffreich ist oder das Wasser stark bewegt wird, lässt sich die **Elritze** (*Phoxinus phoxinus*) pflegen. Elritzen sind friedliche und muntere Schwimmer, die am liebsten im Schwarm leben. Als Nahrung bevorzugen sie allerlei Wassergetier und nehmen auch Mücken von der Wasseroberfläche. Da sie nur etwa 10 cm groß werden, sind sie für Gartenteiche geeignet, wenn die Wasserverhältnisse zusagend sind. Dann laichen sie zwischen April und Juli im Teich. Auch sie sollte man möglichst langsam umgewöhnen.

Goldfische bei *der Fütterung*

Algen fressende Fische

Neben den genannte n Arten haben in den letzten Jahren zwei asiatische Fischarten an Bedeutung für den Gartenteich gewonnen, ausgelöst durch das allgegenwärtige Algenproblem, das in vielen Gartenteichen auftritt und stört: der **Graskarpfen** (*Ctenopharyngodon idella*), der eine Länge bis zu einem Meter erreichen kann (im Gartenteich bleibt er aber kleiner) und in Asien als Speisefisch geschätzt wird. Er ist ein ausgesprochener Pflanzenfresser und wird deshalb auch als Algenvertilger angeboten. Als solcher hat er sich auch außerordentlich gut bewährt. Er frisst Algen aller Art. Leider macht er aber auch vor anderen Teichpflanzen nicht halt, sodass sein Einsatz wohl nur auf den pflanzenlosen Zierfischteich beschränkt bleiben muss. Wenn der Teich über 80 cm tief ist, können die Graskarpfen auch bei uns überwintern. Die Nachzucht macht den gewerbsmäßigen Züchtern auch in unseren Gewässern keine Schwierigkeiten, sodass auf Importe verzichtet werden kann.

Die zweite beliebte Art aus Asien ist der **Silberkarpfen** (*Hypophthalmichthys molitrix*). Dieser elegante, silbergraue Fisch mit der ausgeprägten Kopfform frisst Schwebealgen und Plankton. Er wird meistens eingesetzt, wenn das Wasser undurchsichtig grün oder grau geworden ist. Fadenalgen sowie Wasserpflanzen verschmäht der Silberkarpfen. Da er keine Pflanzen frisst, kann man ihn in bepflanzte Teiche einsetzen. Er wird auch Silberalgenkarpfen oder Pferdeköpfiger Algenkarpfen genannt. Wenn diese Fische in Panik geraten, was auch im Teich vorkommen kann, so können sie ausgezeichnet springen. Bei einer Teichtiefe von über 80 cm kann er im Teich überwintern.

***Algen im** Teich – Graskarpfen schaffen Abhilfe.*

Vorausgesetzt, der Gartenteich ist groß genug und es entwickeln sich genügend Plankton und Schwebealgen, so gelingt auch die Nachzucht. Zur Zeit werden Silberkarpfen meist aus Asien und Israel importiert. Es gibt aber auch schon europäische Nachzuchten.

Weitere Fischarten

Hin und wieder werden weitere Kaltwasserfische für das Aquarium und den Gartenteich angeboten, die bei der Überlegung, welche Fische man einsetzen soll, grundsätzlich ausscheiden sollten, da sie ausgesprochen räuberisch leben und zumeist auch noch den Bodengrund besiedeln und von oben kaum gesehen werden können.

Zu ihnen zählen der **Langohrige Sonnenbarsch** (*Lepomis auritus*), der **Pfauenaugenbarsch** (*Centrarchus macropterus*), der **Steinbarsch** (*Ambloplites rupestris*) und auch der sehr häufig angebotene **Katzenwels** (*Ictalurus nebulosus*).

Weitere Arten wie der **Gründling** (*Gobio gobio*) oder die **Forelle** (*Salmo trutta*) brauchen strömendes, kühles und sauerstoffreiches Wasser, das im Gartenteich fehlt (außer man nennt einen Naturbach beziehungsweise eine Quelle sein eigen). Im eng begrenzten Raum eines Gartenteiches sollte man auf *alle* ausgesprochenen Räuber gänzlich verzichten. Selbst beim Stichling sind schon Bedenken angebracht. Wer auf diese Arten nicht verzichten will, der sollte sie in einem speziellen Kaltwasser-Aquarium pflegen.

Fische füttern

Nachdem die Zierfische den Teich nach einem Jahr Standzeit bezogen haben, taucht auch schon die nächste Frage auf: Ab wann mit der Fütterung der Fische begonnen wird, wie viel gefüttert werden muss und welches Futter das richtige ist. Vor der ersten Fütterung sollte man sich 2 bis 3 Tage gedulden, bis die frisch eingesetzten Fische sich eingewöhnt und ihre neue Umgebung ausgiebig erkundet haben. Erfahrungsgemäß sind sie während dieser Zeit nicht oft zu sehen. Gesunde Fische reagieren erst einmal mit Vorsicht. Sie wirken auf uns noch sehr scheu und leben wie im Naturgewässer von dem, was an Fressbarem im Teich ist. Weist das Teichwasser eine Wassertemperatur von mehr als 12 °C auf, kann man nach drei Tagen mit möglichst kleinen Futtergaben beginnen. Bei der Fütterung verhält man sich äußerst ruhig und vorsichtig, um die Fische nicht zu erschrecken. Im selben Maß, wie die Fische die Nahrung aufnehmen, wird die Futtermenge erhöht. Es wird aber nur so viel angeboten, wie sofort aufgefressen wird. Wenn Sie feststellen, dass Ihre Teichfische bei regnerischem oder kaltem Wetter weniger fressen, so ist das völlig normal, denn

***Gesunde Koi** sind gierige Fresser.*

***Goldfische – gute** Futterverwerter*

der Appetit der Fische richtet sich nach der Wassertemperatur. Am meisten Futter wird aufgenommen, wenn diese zwischen 18 und 25 °C liegt. Über 25 und unter 18 °C, und auch wenn sich die Wasserqualität verschlechtert, vermindert sich der Hunger wieder. Sinkt die Wassertemperatur unter 10 °C, stellen die Fische die Nahrungsaufnahme ein, da sich ihr Stoffwechsel verlangsamt und halten Winterruhe. Bis zu diesem Zeitpunkt, oft bis in den November hinein, sollten Sie weiter füttern, um die Fische möglichst zu kräftigen, damit sie bis zum Frühjahr von ihren Reserven zehren können.

In natürlichen Gewässern kann auf eine Fütterung durch Menschenhand verzichtet werden, weil die Bestandsdichte von Fischen dem Lebensraum angepasst ist. Im künstlich geschaffenen Teich sollte man auf eine Zufütterung nicht verzichten, weil mehr Fische auf einem wesentlich engeren Raum gepflegt werden und die natürlichen Nahrungsquellen zu schnell versiegen. Es wird mehr gefressen als nachwachsen kann. Deshalb wurden für Gartenteichfische hochwertige, artgerechte Futtermittel entwickelt, in denen alles enthalten ist, was die Fische zum guten Gedeihen brauchen. Auch Gartenteich- und Goldfische haben ein Recht auf bestes Futter. Es sollte keinem Zierfischfreund gleichgültig sein, was seine Teichfische fressen.

Sinnvoll ist es auch, die Nahrung dem unterschiedlichen Nährstoffbedarf je nach Jahreszeit und natürlichem Futterangebot anzupassen.

Ab September reicht man energiehaltigeres Kraftfutter damit die Pfleglinge, wenn die Teichtemperatur unter 10°C sinkt und nichts mehr aufgenommen wird, die kalte Jahreszeit gut genährt überstehen.

Artgerechte Ernährung Dank intensiver Forschung sind die Zeiten vorbei, in denen Brotreste und ungeeignete Flocken (Hafer- oder Hundeflocken) oder auch zu große Stücke an die Goldfische und ihre verwandten Arten verfüttert wurden. So haben im gleichen Maß auch die ernährungsbedingten Krankheiten im Teich rapide abgenommen. Deshalb enthält hochwertiges Teichfutter alles, was Cypriniden (karpfenartige Fische) und andere Arten benötigen: Fische sind durchaus in der Lage, unterschiedliche Futtersorten geschmacklich und auch bei der Futteraufnahme zu unterscheiden. Angler können davon ein Lied singen, wenn auf falsche Köder kein Fisch anbeißen will. Hochwertiges

***Koi beim** Fressen*

Teichfutter wird gierig gefressen, weil es nicht nur fischgerecht schmeckt, sondern auch in der richtigen Brockengröße angeboten wird. Die Größe des Futterbrockens spielt deshalb eine große Rolle, weil das Futter im Cyprinidenmaul weit hinten von den Schlundknochen zerdrückt wird, bevor es in den Verdauungstrakt gelangt.

Gartenteichfische werden, wenn man sie regelmäßig, zur gleichen Zeit und am selben Platz füttert, schnell zahm. Sie fressen buchstäblich aus der Hand. Besonders Koi entwickeln bei der Fütterung eine auffallende Zutraulichkeit. Es gibt sogar Tiere, die am Finger des Teichfreundes nuckeln. Um das Verhalten der Fische so natürlich wie möglich zu erhalten, ist es aber empfehlenswert, das Futter so anzubieten, dass die Fische danach regelrecht jagen müssen. Gleich welche Fütterungsmethode Sie bevorzugen, es sollten immer nur kleine Mengen über den Tag verteilt gereicht werden. Die Gefahr einer Überfütterung und damit einer gleichzeitigen Wasserverschlechterung ist immer gegeben. Die Zeit, wann gefüttert wird, spielt dabei eine untergeordnete Rolle. Man kann auch nur einmal am Tag, zum Beispiel am Feierabend, mehrmals hintereinander kleinere Mengen füttern. Dabei sollte die letzte Futtergabe spätestens eine Stunde vor Sonnenuntergang erfolgen, damit nichts übrig bleibt und das Wasser verdirbt.

Die gezielte Fütterung macht sehr viel Spaß, denn wenn die Fische nach oben kommen, um gierig nach dem Futter zu jagen, kann man sie gut beobachten und buchstäblich gedeihen sehen.

▸ Krankheiten erkennen und vermeiden

Es ist völlig natürlich, dass Teichfische, wie alle anderen Lebewesen auch, einmal krank werden können. Leider fallen kranke Fische im Teich erst auf, wenn sie schon stark geschwächt sind und dabei in Ufernähe lethargisch an der Wasseroberfläche treiben. Es kommt auch vor, dass nicht nur ein Tier, sondern der ganze Bestand in Mitleidenschaft gezogen ist. Wenn der Fisch noch lebt, kann ein versierter Zoofachhändler oder Tierarzt eine genaue Diagnose stellen. Bei inneren Erkrankungen oder wenn der Fisch schon tot ist, fällt dies meist schwerer oder ist ganz unmöglich, weil viele Parasiten den toten Fisch verlassen und andere Individuen (Pilze, Bakterien, Egel und Würmer) ihn sofort besiedeln. So kann es logischerweise zu Fehldiagnosen kommen. Gleichzeitig muss aber auch eine genaue Wasseranalyse durchgeführt werden, weil weitaus häufiger eine schlechte Wasserqualität die Ursache für Krankheiten ist.

Man braucht aber nicht zu verzweifeln, wenn die Teichfische erkranken, denn die am häufigsten auftretenden Probleme sind heutzutage lösbar, zumal die wasserbedingte Krankheitssymptome an erster Stelle stehen, wenn Teichfische sich nicht wohl fühlen. Nach dem Messen des Sauerstoffgehaltes (O_2), des pH- und KH-Wertes sowie des Ammoniumgehaltes (NH_4) genügt es häufig, einen Teilwasserwechsel im Teich durchzuführen und das Wasser auf fischfreundliche Werte zu bringen. Der O_2-Gehalt sollte über 70 % Sättigung liegen, die Karbonathärte mindestens 5° dH und nicht höher als 18° dH betragen, der pH-Wert sollte zwischen 6,5 und 8 liegen und der Ammonium-Gehalt nicht über 0,5 mg/l. Wie man diese Werte erreicht, können Sie ab Seite 50 nachlesen.

Wer sein Teichwasser nicht nur im Notfall, sondern regelmäßig überwacht und prüft, Wasserpflege betreibt und seine Fische beobachtet, erkennt rechtzeitig Probleme und kann richtig reagieren, wenn sich seine Pfleglinge nicht wohl fühlen. Vorbeugen ist schließlich besser als heilen. Wenn Sie beobachten, dass die Fische heftig atmend an der Wasseroberfläche schwimmen, sich auffällig und oft an Steinen sowie anderen Gegenständen scheuern oder wie mit Mehl beziehungsweise Grieß gepudert aussehen, graue Hautstellen aufweisen oder watteartige Verpilzungen auf dem Körper sichtbar sind, müssen Sie sofort reagieren. Ist das Wasser in Ordnung, läuft der Filter tadellos und sind die Wassertemperaturen nicht über 28 °C angestiegen, so liegt wahrscheinlich ein Parasitenbefall vor, der sich mit einem speziell für Teichfische entwickelten Medikament, das auf diese Krankheitsbilder abgestimmt ist, heilen lässt. Auch dieses Mittel gibt es im Zoofachhandel.

Verletzungen und Schleimhaut-

Bei der *Fütterung lassen sich zahme Koi auf Krankheiten inspizieren.*

schäden, die von den allgegenwärtigen Pilzsporen (*Saprolegnia*) besiedelt sind, lassen sich problemlos behandeln. Hautschäden können durch ein raues Fangnetz, Bisse anderer Fische und Insekten oder deren gefräßige Larven (Gelbrandkäfer, Libellenlarven), aber auch von fischenden Katzen herrühren. Wie in der Humanmedizin, sind alle Mittel, die im Gartenteich zur Anwendung kommen, genau nach Gebrauchsanweisung anzuwenden, vor allem aber äußerst genau zu dosieren! Vor der Zugabe von Medikamenten ist es immer angebracht, ein Drittel des Wassers auszutauschen (Frischwasser zulaufen lassen).
Ernährungsbedingte Ausfälle (durch Leberschäden, Geschwüre oder Abmagern) treten erst gar nicht auf, wenn man seine Fische richtig füttert. Sieht man einmal davon ab, dass gesunde und kräftige Tiere weniger häufig erkranken und kaum einmal von Schwächeparasiten wie Egel, Karpfenlaus oder dem stäbchenförmigen Kleinkrebs *Lernea* befallen werden als andere, so überstehen kerngesunde Tiere auch lange und strenge Winter besser.

Eisfreihalter, der *das Zufrieren der Oberfläche verhindert.*

▸ Fisch-Nachwuchs

Wenn die Teichfische erwachsen sind und sich wohl fühlen, schreiten sie im Sommer auch zur Fortpflanzung. Eines Tages werden Sie feststellen, dass die Fische in Pflanzennähe, meistens am Teichrand, hintereinander her jagen, um dann wieder für einige Momente dicht aneinandergeschmiegt zu verweilen. Bei der stürmischen Verfolgung entstehen regelrechte Wasserturbulenzen. Wenn Sie weiter feststellen, dass die Tiere in der Kopfregion einzelne grießkorngroße weiße Punkte tragen, so sind sie nicht etwa krank, sondern zeigen den so genannte n Laichausschlag. Freuen Sie sich! Denn die Fische laichen nun und legen ihre zahlreichen Eier im seichten Wasser zwischen den Pflanzen ab. Nun kommt es auf das Nahrungsangebot und auf die Anzahl der Fressfeinde an, wie viele Jungfische das erste Lebensjahr überstehen. Wie in der freien Natur, überleben auch im Teich die stärksten und kräftigsten. Wenn man die ersten Jungfische entdeckt, dann kann man sie mit feinstem Jungfischfutter, wie es die Aquarianer verwenden, füttern. Seien Sie aber nicht allzu enttäuscht, wenn alle oder auch nur einige der Jungfische in den ersten 10 bis 15 Monaten noch nicht die prächtige Färbung der Eltern, sondern eher eine grauschwarze Färbung aufweisen. Die spätere Färbung zeigt sich oft erst im Alter von anderthalb Jahren. Wer ganz sicher gehen will, dass von dem Jungfischsegen eine gewisse Anzahl überlebt, für den empfiehlt es sich, einige Jungfische im Aquarium aufzuziehen, bis sie groß genug sind, um nicht mehr gefressen zu werden. In einem vernünftig besetzten Teich, in dem sich einheimische Fische tummeln, überleben so viele Fische, wie nötig sind, um den Bestand zu erhalten. Auf keinen Fall dürfen überzählige Tiere in das nächstbeste Naturgewässer ausgesetzt werden. Der Schaden, der dadurch entstehen kann, ist häufig größer als der Nutzen. Empfehlenswert ist es, die Nachzucht anderen Teichfreunden oder dem Zoofachhandel anzubieten.

▸ Überwinterung von Teichfischen

Jedes Jahr, wenn sich im Spätherbst das Leben im und am Teich auf den kommenden Winter einstellt, kommt auf den Teichbesitzer die Frage zu, was mit den Fischen geschehen soll. Sollen sie im Teich überwintern, oder ist es besser, sie herauszufangen und anderenorts zu überwintern? In einem optimal angelegten Gartenteich, der eine Tiefe von einem Meter aufweist, schadstofffrei ist und der auf den Winter vorbereitet ist, können die Fische, sich selbst überlassen, in ihrer gewohnten Umgebung verbleiben. Wie in der freien Natur überleben gut genährte, starke Tiere die winterliche (natürliche) Auslese. Bei Wassertiefen von 60 bis 80 cm ist es allerdings eher Glückssache, wenn die Fische die kalte Jahreszeit schadlos überstehen. In manchen Jahren, wenn der Winter kurz und mild ist, mag das auch gut gehen. Ist der Winter

jedoch streng und lang, so sind Ausfälle zu befürchten.
Auf keinen Fall dürfen Fische in Miniteichen und Flachwasserbecken (Kübel, Wannen und andere Gefäße) unter freiem Himmel ihrem Schicksal überlassen bleiben. Für sie ist es besser, wenn man sie zum Überwintern aus ihrem Domizil herausfängt. In einem frostfreien Raum, bei einer Wassertemperatur zwischen 5 und 8 °C, überstehen die Pfleglinge im Aquarium oder einem anderen geeigneten Gefäß die kalte Jahreszeit. Je mehr Fische überwintern, um so größer muss natürlich der Behälter sein. Als Faustregel kann gelten: Auf 10 cm Fisch sollten 10 bis 15 Liter Wasser kommen. Damit die Fische nicht aus ihrer ungewohnten Umgebung herausspringen, muss das Gefäß gut abgedeckt sein. Auf keinen Fall darf man den Behälter mit Brettern oder Styropor, das auf dem Wasser schwimmt, abdecken, weil sonst der notwendige Gasaustausch verhindert wird. Am besten ist eine Stoffabdeckung (Vorhangstoff). Damit der Stoff straff über dem Beckenrand gespannt bleibt, werden die Ränder mit angebundenen Bleistücken (Angelblei) gespannt. Auf Licht kann genauso verzichtet werden wie auf Bodengrund, Dekoration und Pflanzen. Wenn die Wassertemperatur unter 8 °C liegt, brauchen die Fische auch kein Futter. Es reicht aus, wenn das Gefäß mit einer Durchlüfterpumpe über einen Ausströmerstein belüftet wird. Steigt die Wassertemperatur jedoch über 8 °C, zum Beispiel in einem Heizungskeller, so muss man ein wenig füttern und auch filtern. Damit die Fische nicht in ihren eigenen Ausscheidungen schwimmen, wird regelmäßig (alle 2 bis 3 Wochen) ein Drittel des Wassers gegen frisches ausgetauscht und ein Wasseraufbereitungsmittel zugegeben.
Eine weitere, auch sehr reizvolle Möglichkeit, seine Fische im Haus zu überwintern, ist gegeben, wenn man sie im Wohnbereich in einem Aquarium mit entsprechender Dekoration und Beleuchtung unterbringt. Auf diese Weise kann man sich über die kalten Monate hinweg am bunten Treiben im Aquarium erfreuen.
Um beim Umsetzen vom Teich in das Winterquartier jeglichen Schock zu vermeiden, muss man die Fische langsam umgewöhnen. Die Erstfüllung des sauberen Aquariums besteht aus etwa 40 % Teich- und 60 % Leitungswasser, dem die entsprechende Menge eines Wasseraufbereitungsmittels zugesetzt wird, um das Wasser schleimhautfreundlich aufzubereiten. Zum Umsetzen braucht man ein weiches Netz, damit die empfindliche Fischhaut nicht beschädigt wird. Wenn nach dem Umsetzen 2 bis 3 Tage vergangen sind, an denen auch nicht gefüttert wird, ist wiederum ein Drittel des Wassers auszutauschen. Um sicherzugehen, dass sich in der räumlichen Enge des Überwinterungsbehälters weder Pilze noch Ektoparasiten, die aus dem Teich eingeschleppt wurden, ausbreiten, geben wir dem Wasser ein gutes Heilmittel (kein Teichmedikament), wie es die Aquarianer verwenden, zu. Selbstverständlich testen wir das Wasser regelmäßig (KH, pH und O_2) und betreiben Wasserpflege, bis wir dann im Frühjahr die Fische gesund und munter wieder in den Teich zurücksetzen können, sobald dessen Wassertemperatur 12 °C beträgt.

***Goldfische – bekannt** und beliebt.*

Tiere am Teich

Soll man Tiere einbringen?

An der Frage nach dem Tierbesatz einer Gartenteichanlage scheiden sich die Geister. Viele Teichbesitzer wollen auf Fische nicht verzichten, besonders wenn Kinder ihre Freude daran haben. Weil Fische sich – auch bei bester Fütterung – an vielen Kleinlebewesen vergreifen können, verzichten andere völlig auf deren Haltung. Wieder andere pflegen einen Naturteich mit Fischen der Region. Weiter ist es möglich, einen Teich so zu gestalten, dass die Fische in einem Bereich leben, aber nicht in die anderen Zonen schwimmen können.

Der Zoofachhändler berät Sie auch bei diesem Problem. Er führt auch alle die Fische, die auf Ihrer Wunschliste stehen. Auf keinen Fall darf man Fische aus anderen Gewässern selbst fangen. Außer geeigneten Fischen bietet der Zoofachhandel noch weitere Tiere für den Erstbesatz wie diverse Schnecken, Wasserflöhe und deren Begleitinsekten sowie Bachröhrenwürmer an. Alle anderen einheimischen Wirbeltiere unterliegen einem Handelsverbot, auch wenn es sich dabei um Nachzuchttiere handelt.

Kleinstlebewesen für den Teich

Wenn man zum Animpfen des eigenen Gewässers aus einem anderen Gartenteich etwas Bodengrund und Teichplankton verwendet, kann man den Prozess der Besiedlung mit Kleinlebewesen enorm beschleunigen. Damit keine Räuber und andere unerwünschte Lebewesen (Süßwasserpolypen) eingeschleppt werden, sollte man den Fang einem erfahrenen Teichbesitzer oder Zoofachhändler zur Begutachtung vorlegen. Ferner empfiehlt es sich, um jeglichen Schock zu vermeiden, den Fang an die neuen Wasserverhältnisse zu gewöhnen, indem man dem Transportwasser die gleiche Menge Teichwasser zusetzt und dieses Gemisch erst nach etwa einer halben Stunde in den Teich laufen lässt. Grundsätzlich ist das Teichwasser vor jeglichem Tierbesatz auf seine Güte (Reife) hin zu testen, ob es schon geeignet ist, Tiere aufzunehmen (Seite 50).

***Ein Naturteich** zieht viele tierische Besucher an.*

Was stellt sich von allein ein?

Es ist erstaunlich, wie schnell neu geschaffene Gartenteiche von einer Vielzahl von Lebewesen besiedelt werden. Sie wandern auf dem Land- oder Luftweg zu oder werden von anderen eingeschleppt. Dabei steigen die Besiedlungschancen beträchtlich, wenn sich um den eigenen Garten entweder viele Gartenteiche oder Restbestände natürlicher Gewässer befinden. Schon mit den ersten Teichpflanzen können Algen, Bakterien, Süßwasserschwämme, Ein- und Mehrzeller, Würmer und vielerlei Kleinkrebse (Wasserfloheier) in das Gewässer gelangen.

Tiere anlocken

Je natürlicher der Wassergarten angelegt ist und je mehr unterschiedlich ausgestattete Bereiche er aufweist, desto eher wird der Garten von verschiedenen Tieren als Lebensraum bevölkert.

Eine artenreiche Besiedlung kann man erfolgreich unterstützen:

- Schaffen Sie möglichst viele Wasserstellen, ganz gleich ob klein oder groß.
- Begeistern Sie Ihre Nachbarn. Je mehr Biotope sich in der Umgebung befinden, desto mehr Käfer-, Bienen-, Wespen-, Hummel-, Spinnen-, Schmetterlings-, Libellen-, Amphibien und Vogelarten können sich ansiedeln.
- Alte oder hohle Bäume, Holzstapel, Steinhaufen, Trockenmauern und begrünte Pergolen oder Schuppenwände sowie Laub- und Reisighaufen und Nistkästen für Vögel und Insekten bieten gute Voraussetzungen für eine schnelle Besiedlung.
- Blühende und fruchtende Naturhecken ziehen Vögel und Insekten an.
- Eine Wanne oder mit einer Folie abgedichtete Mulde, die mit feuchtem Lehm und klein geschnittenem Stroh gefüllt wird, hilft Schwalben, Material zum Nestbau finden.
- Höhlen unter dem Geräteschuppen, ein mit Holzstücken, Ästen und Moos schichtweise gefülltes Loch, das mit einer Steinplatte abgedeckt wird beziehungsweise eingegrabene Lochziegel oder Dachreiter dienen als Überwinterungsmöglichkeiten für eine Vielzahl von Tieren.
- Unter Laub lässt sich eine Igelunterkunft platzieren.
- Pflanzen, die als Insektenweide bekannt sind, locken auch Vögel, Amphibien und Eidechsen an, denen die Insekten wiederum als willkommene Nahrung dienen.

Tagpfauenauge

- Schmetterlinge lockt man mit deren Futterpflanzen (für die Raupen und die Falter). Besonders geeignet sind Brennnesseln oder Dill.
- Dicht bepflanzte Uferbereiche, die üppig mit Wurzelstubben, Steinhaufen und Feinsandflächen ausgestattet sind, bieten vielen Kriechtieren und Amphibien Lebensraum.
- Etwas Käse, Fisch oder Fleisch, auf einer kleinen Styroporinsel angeboten, lockt Insekten an, die Libellen und Fröschen als Nahrung dienen.

Zu den ersten Gästen, die sich am Teich einfinden, gehören viele Wasserinsekten wie Wasserläufer, Taumel-, Gelbrandkäfer oder Furchenschwimmer. Auch Wasserwanzen und der Wasserskorpion können genauso zufliegen wie bunt schillernde Libellen. Besonders nachts übt das im Mondlicht glitzernde Gewässer auf viele Tiere eine enorme Anziehungskraft aus. Auf ihrem Flug legen sie oft erstaunliche Entfernungen zurück und landen auch schon einmal an Stelle einer Wasserfläche auf einem Stück feuchten Asphalts, in dem sich der Schein einer Straßenlaterne spiegelt.
Wenn Ihr Teich groß genug und die Teichumgebung dicht bewachsen ist, können im Frühjahr aus nahe gelegenen Gartenteichen oder Naturgewässern auch Frösche, Kröten sowie Molche zuwandern, um abzulaichen. Dazu kann es natürlich nicht kommen, wenn das Grundstück mit einem dichten Maschendraht hermetisch abgeriegelt ist. Erwachsene Frösche und Kröten anzusiedeln, ist oft vergeblich. Sie wandern meistens wieder ab, weil sie in der freien Natur nur in der Laichzeit die Gewässer aufsuchen. Besonders stark sind Kröten an das Gewässer gebunden, in

dem sie geschlüpft sind. Sie versuchen mit aller Macht, immer wieder dorthin zurückzukehren. Auf diesen Wanderungen fallen sie leider oft dem Straßenverkehr zum Opfer.
Mit Froschlaich, den man von Teichfreunden bekommt, steigen die Chancen beträchtlich, zu eigenen Amphibien zu kommen. Froschlaich kann man erst einsetzen, wenn der Teich zwei Jahre alt ist, damit auch genügend Nahrung für die Kaulquappen vorhanden ist. Mit Mikrofutter aus dem Zoofachhandel kann man noch etwas zufüttern. Die Entnahme von Froschlaich oder von Kaulquappen aus der Natur ist übrigens verboten. Diese Tatsache ist oft schwer verständlich, viele Kleingewässer trocknen aus, bevor die Umwandlung von der Kaulquappe zum Frosch (Metamorphose) abgeschlossen ist. Sie sind dann zum Tod verurteilt. Das Gleiche gilt für Kaulquappen oder Pflanzen, die dem Bagger oder der Straßenwalze zum Opfer fallen, wenn ihr Lebensraum verfüllt oder verändert wird. Zurück in den Garten. Wenn Sie feststellen, dass einer oder gar mehrere Frösche standorttreu geworden sind, bei Teichfröschen ist dies am ehesten möglich, können Sie ihnen den Aufenthalt noch schmackhafter machen, wenn Sie in der Nähe ihres Lieblingsplatzes – auf einer Wurzel oder einer Steininsel – etwas Fleisch, Fisch oder Käse deponieren. Das lockt viele Fliegen an, die von den Fröschen alsbald erjagt werden.

▸ Dauerhafte Besiedlung

Eine dauerhafte Besiedlung hängt von der Umgebung, dem Nahrungsangebot, aber auch von geeigneten Verstecken und Überwinterungsmöglichkeiten ab. Wenn alle diese Bedingungen erfüllt sind, können sich in naturnahen Gärten sogar Eidechsen, Blindschleichen oder eine Ringelnatter in Teichnähe einfinden. Es ist erstaunlich, wie binnen weniger Tage nach Fertigstellung des Teiches Vögel und andere Tiere wie Schmetterlinge den Teich als willkommene Trink-, Bade- oder Futterstelle entdeckt haben.
Vögel sind mit die Ersten, die die Annehmlichkeiten eines Gewässers nutzen. Ein Gewässer bietet Vögeln alles, was sie zum Nestbau benötigen. Sie brauchen nur noch kurze Strecken zurückzulegen, wenn sie ihre Brut mit dem Nötigsten versorgen müssen. Sie können sprichwörtlich aus dem Vollen schöpfen.

Zugegeben, manchmal wird die Geduld auf eine harte Probe gestellt, wenn es um eine natürliche Besiedlung unseres Gartenteiches geht. Dabei sollte man nicht vergessen: Die Natur lenkt, entwickelt und verändert selbst alles besser, als der Mensch dies je vermag.
Die folgende Kurzbeschreibung der Arten, die sich bei zusagenden Bedingungen einstellen können, ermöglicht es – soweit nicht bekannt –, sofort zu erkennen, um welchen Neusiedler es sich handelt.

▸ Amphibien

Feuersalamander (*Salamandra salamandra*) kommen an feuchten und kühlen Stellen in Laub- beziehungsweise Auwäldern des Hügel- und Berglandes vor. Ihre auffällige Zeichnung ist als ausgesprochene Warntracht anzusehen. Sollte dies

Ein abwechslungsreiches *Ufer ist ein idealer Lebensraum für allerlei Getier.*

***Feuersalamander stellen** sich in schattigen Gewässern ein.*

ein Räuber missachten, so kann ihm dies teuer zu stehen kommen. Aus den Ohrdrüsen und Rückenporen kann der Salamander bei Gefahr eine weißliche, giftige Flüssigkeit absondern, die auf Schleimhäute stark ätzend wirkt. Ihm wurden auch die ungeheuerlichsten Dinge angedichtet: So sollte er unverbrennbar sein. Alchemisten haben sich mit ihm ebenfalls sehr intensiv beschäftigt. Sogar Gold wollte man aus seinen sterblichen Resten machen. Dieses unselige Tun ist zwar heute längst vorbei, dafür wird nun sein Lebensraum immer mehr verändert. Vor allem die kühlen, sauerstoffreichen Fließgewässer, die das lebendgebärende Weibchen aufsucht, um ihre Larven abzusetzen, verlieren immer mehr an Qualität.

Die Paarung der Feuersalamander findet im Mai/Juni statt. Die Trächtigkeit beträgt mehrere Monate, sodass die Larven erst im darauf folgenden Jahr abgesetzt werden. Wenn ein kühler Teich oder Bachlauf mit einer geeigneten Umgebung (dichter Baumbestand), viel altes Holz, Steine und eine dichte Pflanzendecke vorhanden sind, kann es durchaus vorkommen, dass sich Feuersalamander einstellen, wenn er nicht inmitten eines Ballungszentrums liegt. Es wurde auch schon beobachtet, dass ein Feuersalamanderweibchen jahrelang seine Larven in einem kühl und schattig gelegenen Gartenteich (mit Flachufer) abgesetzt hat. Feuersalamander fressen während der Dämmerung und nachts (Würmer, Schnecken und andere Kleintiere). In Menschenobhut wurden einzelne Exemplare schon über 35 Jahre und mehr gepflegt und gezüchtet. Dieser Salamander ist, wie alle einheimischen Amphibien und Reptilien, streng geschützt. Er darf der Natur nicht mehr entnommen werden, um ihn im Garten wieder freizulassen oder ihn im Terrarium zu pflegen.

Grasfrösche (*Rana temporaria*) kommen von allen Braunfröschen noch am häufigsten vor. Sie stellen sich schon früh im Jahr (Februar bis April) zum Ablaichen ein – auch in neu geschaffenen Gewässern. Der Grasfrosch sucht nur zur Laichzeit das Wasser auf und geht dann wieder zum Landleben über. Er bleibt im Garten, wenn eine dichte Bodenvegetation und Versteckmöglichkeiten vorhanden sind. Mit seiner Tarnfärbung, auf einer hell- bis schwarzbraunen Oberseite befinden sich dunkle Streifen und Flecken, der Bauch sowie die Hinterbeine sind marmoriert, der Schläfenfleck ist auffallend dunkel, übersieht man ihn leicht, sodass man beim Rasenmähen aufpassen muss. Die zahlreichen Jungfrösche sind ebenfalls gefährdet, wenn der Teich von einer kurz geschorenen Rasenfläche umgeben ist. Ihre zahlreichen Feinde entdecken sie dort leicht.

Moorfrösche (*Rana arvalis*) sind schon recht selten geworden und sind weitgehend an den Lebensraum Moor gebunden und deshalb auch besonders gefährdet. Man kann sie leicht mit Grasfröschen verwechseln. Sie unterscheiden sich von diesen durch eine geringere Größe und den spitzeren Kopf. Die Männchen zeigen zur Laichzeit ein eigenartiges bläuliches Farbkleid. Die Laichballen sind kleiner und enthalten auch weniger Eier als die des Grasfrosches.

Springfrösche (*Rana dalmatina*) suchen den Teich nur zur Laichzeit auf. Während des übrigen Jahres leben sie ähnlich wie die vorher beschriebenen Frösche. Man kann sie aber gut an ihren sehr langen und dünnen Hinterbeinen von den anderen Braunfröschen unterscheiden. Leider sind sie, wie der Moorfrosch, schon sehr selten geworden, weil der bevorzugte Lebensraum – lichte Busch- und Mischwälder – immer mehr den ertragreicheren (Fichten-) Monokulturen weichen muss. Das Verschwinden natürlicher Feuchtbiotope mit ihrem charakteristischen Pflanzenwuchs trägt ebenfalls dazu bei, dass dieser Frosch immer seltener wird.

Teich- oder Wasserfrösche (*Rana esculenta*) gehören zu den Grünfröschen. Der Teichfrosch ist nach dem herkömmlichen Artbegriff keine eigene Art, sondern ein Hybride, der ursprünglich aus einer Kreuzung zwischen den Elternarten Seefrosch (*Rana ridibunda*) und Kleinem Wasserfrosch (*Rana lessonae*) entstanden ist. Heute leben sie meistens nur noch mit einem Elternteil zusammen, mit dem sie sich ständig rückkreuzen. So gibt es auch Populationen, die sich selbst erhalten, wenn der Mensch die Lebensräume nicht zerstört.

Der Teichfrosch ist der standorttreuste und verlässt im Allgemeinen sein Wohngewässer nicht. Er überwintert auch im Teich. Die Paarungszeit fällt in den Frühsommer. Sein lauter, krächzender Ruf wird von manchen empfindlichen Nachbarn gelegentlich als ruhestörender Lärm empfunden. Alles, was sich bewegt und überwältigt werden kann (Insekten, Würmer, Nacktschnecken) dient als Nahrung. Um ihn am Teich zu halten, kann es nötig werden, mit Würmern (auch Mehlkäferlarven aus dem Zoofachgeschäft) oder durch das Auslegen von Fleisch, Fisch oder Käse, an dem sich Fliegen einfinden, zuzufüttern. Zur Laichzeit (Ende Mai/Juni) legt das Weibchen die Eier in Klumpen ab. 1.000 Stück und mehr sind dabei keine Seltenheit. Wenn die Larven witterungsbedingt sehr spät schlüpfen, können sie gelegentlich auch im Wasser überwintern und sich erst im darauf folgenden Jahr zum fertigen Frosch entwickeln.

Laubfrösche Der kleinste (3 bis 5 cm), vielleicht aber auch hübscheste heimische Frosch ist der Laubfrosch (*Hyla arborea*). Diese Art kommt nur noch in wenigen Gegenden häufig vor. Der Laubfrosch lebt in Wassernähe gerne auf Büschen (besonders auf Brombeeren) und Laubbäumen. Um diese zu erklettern, verfügt er über Finger- und Zehenspitzen, die mit Haftscheiben ausgestattet sind, sodass er auch im Geäst mühelos auf Nahrungssuche gehen kann. Wie alle einheimischen Frösche ist auch unser Laubfrosch ein eifriger Insektenjäger. Es verbietet sich deshalb von selbst, im Garten mit Gift jeglicher Art zu arbeiten. Sollten Sie zu den Glücklichen gehören, in deren Garten sich ein oder mehrere Laubfrösche einfinden, so sei der Hinweis gestattet, dass es abzulehnen und auch verboten ist, diese einzufangen.

Eine echte Überlebenschance hat er im Wassergarten nur, wenn das

***Grasfrösche mit** Eiballen*

Wasserfrosch

***Gelbbauchunke in** Abwehrstellung*

***Erdkröten im** Laichgewässer*

übrige Gelände beziehungsweise die unmittelbare Teichumgebung einen dichten Bewuchs aufweisen und Brombeersträucher vorhanden sind. Im kurz geschorenen Englischen Rasen eines normalen Gartens haben Jungfrösche keine Überlebenschance. Sie werden Opfer ihrer zahlreichen Feinde.

Gelbbauchunken (*Bombina variegata*) verdanken ihren Namen der schwarz-gelben Bauchseite, die Körperoberseite ist graubraun gefärbt. Ihr Körper ist flach, gedrungen und etwas warzig. Sie wird häufig als Berglandunke bezeichnet, weil sie als Lebensraum hügeliges oder leicht bergiges Gelände bevorzugt.

Rotbauchunken (*Bombina bombina*), die in der Umgangssprache auch Tieflandunken genannt werden, unterscheiden sich von der vorigen Art durch ihre orange bis dunkelrot und schwarz gefleckten Bäuche. Beide Arten besiedeln Kleingewässer – selbst in Wagenspuren kann man sie finden. Man sagt ihnen einen glockenähnlichen Ruf nach. Sie überwintern auch an Land und graben sich bei Gefahr recht schnell in den Bodengrund des Gewässers ein. Die beiden Unkenarten sind stark vom Aussterben bedroht, weil geeignete Kleingewässer immer seltener werden. Im Gartenteich finden sie sich eher selten ein.

Erdkröten (*Bufo bufo*) sind nicht nur die noch am häufigsten vorkommenden Kröten, sondern auch ein Musterbeispiel für Standorttreue, wenn es um die Rückkehr in das Gewässer geht, in dem sie geboren wurden. Sie setzen alles daran, in ihr angestammtes Geburts- und Laichgewässer zurückzukommen. Wie schon erwähnt, finden die Erdkröten sich schon zeitig im Frühjahr zahlreich im Laichgewässer ein. Dabei lässt sich oft ein beeindruckendes Schauspiel beobachten, wenn die großen Weibchen die kleineren Männchen huckepack zur Paarung tragen. An verschiedenstem Substrat (Pflanzenteile, Holz oder zwischen Steine) legen sie oft mehrere Meter lange gallertartige Laichschnüre mit einigen tausend Eiern ab. Nach der Umwandlung zu fertigen Kröten verlassen die Jungfrösche wieder den Teich, um ein ausgeprägtes Landleben zu führen und, wie die Erwachsenen, während der Dämmerung beziehungsweise Nacht auf Jagd zu gehen. Kröten begegnen einem nicht nur im Frühjahr, sondern auch während der übrigen Zeit des Jahres oft bei Garten- oder Aufräumarbeiten. Leider haben sie selten Freunde unter uns Menschen. Auch in unserer so aufgeklärten Zeit gelten die mehr oder weniger warzigen Geschöpfe als besonders giftig, und bei Berührung sollen einem sogar Warzen wachsen. Außerdem haben sie das Pech, nicht in das Streicheltierschema zu passen. Sie werden von Unbelehrbaren noch immer abgelehnt und aus dem Garten entfernt. Kröten können ein milchiges und auch giftiges Sekret aus ihren Ohrendrüsen absondern, wenn sie in Gefahr kommen. Da aber Kröten weder ein geeignetes Spielzeug sind, noch gegessen werden, besteht keine akute Vergiftungsgefahr. Ganz im Gegenteil: Diese lie-

***Blindschleiche: keine** Schlange*

benswürdigen Geschöpfe sind in unserem Garten äußerst nützlich (sie fressen Schnecken, Würmer und Insekten) und interessant.

Wechselkröten (*Bufo viridis*) sind im Gegensatz zur vorher beschriebenen Art recht ansprechend gefärbt. Auf hellgrauem bis olivfarbenem Untergrund finden wir grüne und rotbraune Flecken beziehungsweise Striche. Die Färbung der Wechselkröte erinnert an eine Tarnjacke. Diese Art liebt etwas trockenere, auch sonnige Standorte (Steinbrüche, Kiesgruben und Sandkuhlen). Man kann sie sogar in manchen Parkanlagen einiger Großstädte finden.

Kreuzkröten (*Bufo calamita*) sind von den vorher beschriebenen leicht zu unterscheiden, sodass man sie kaum verwechseln kann. Diese seltene Kröte kann besser als die anderen Arten auf ihren kurzen Beinen laufen. Die Ausscheidungen ihrer Hautdrüsen riechen für uns unangenehm. Gerne lebt sie in Mauer-, Gesteinsspalten oder anderen Löchern. Sie vermag sich schnell und gut im lockeren Untergrund einzugraben.

Knoblauchkröten (*Pelobates fuscus*) graben sich noch schneller und besser ein. Diese versteckt lebende Art bevorzugt deshalb lockeren, sandigen Boden. Steiniges Gelände meidet sie. Außerhalb der Laichzeit, in der sie, wie alle genannten Kröten, Wasser aufsucht, trifft man auf die nachtaktive und tagsüber eingegrabene Kröte nur selten. Wie schon der Name sagt, können die Tiere, wenn sie stark gereizt werden (bei Angst), einen intensiven Knoblauchgeruch verströmen. Wie die Larven der Wechselkröte können auch die der Knoblauchkröte im Larvenstadium im Teich überwintern, wenn die Zeit vor dem Wintereinbruch zur völligen Umwandlung nicht mehr ausreicht. So kann man das Vorkommen von Knoblauchkröten gut nachweisen, denn ihre Larven werden bis zu 8 bis 10 cm groß, es sollen auch schon Larven von 18 cm Länge gefunden worden sein.

Zusammenfassend kann gesagt werden, dass *alle* Kröten in der Kulturlandschaft des Gartens als Schädlingsvertilger äußerst nützlich sind. Aus diesem Grund wurden früher in Holland Krötenmärkte abgehalten, auf denen die Gärtner Kröten kauften, um sie in ihren Pflanzenkulturen freizulassen. Sie tragen im Garten sehr viel zum so genannten ökologischen Gleichgewicht bei. Aus diesen Gründen sollte man sie in Ruhe lassen, besser noch: sich über ihre Anwesenheit freuen.

Teichmolche (*Triturus vulgaris*) paaren sich ebenso wie andere Molch-Arten im Wasser, und die kiemenatmenden Larven verbleiben bis zum Herbst – bis die Metamorphose (Umwandlung von der Larve zum fertigen Molch) abgeschlossen ist – im Teich. Anschließend verlassen sie das Wasser, um an Land weiterzuleben beziehungsweise zu überwintern. Der Teichmolch ist noch weit verbreitet, weil er sehr anpassungsfähig ist. Er ernährt sich von Würmern, Insektenlarven, Nacktschnecken und anderen Kleintieren. Diese kleinen Molche (Länge 8 bis 10 cm) sind zur Paarungszeit recht attraktiv gefärbt. Zur Laichzeit sind die Männchen an ihrem deutlich ausgeprägten Rückenkamm zu erkennen.

Teichmolch, Männchen

Kammmolche (*Triturus cristatus*) stellen ähnliche Ansprüche an den Lebensraum, werden größer (Länge 13 bis 18 cm) und sind schon recht selten geworden. Während der Laichzeit, die bereits im Februar stattfinden kann, sind die Männchen mit einem geradezu abenteuerlich aussehenden Rückenkamm ausgestattet. Die Lebensweise ist ähnlich wie die der Teichmolche. Leider sind Kammmolche nicht so anpassungsfähig und deshalb auch stärker gefährdet. Waren Kammmolche früher noch weit verbreitet, sind sie heute eine ausgesprochene Seltenheit.

Bergmolche (*Triturus alpestris*) sind mit ihrer orangefarbenen Unterseite besonders farbenprächtig. Auch sie sind heute nicht mehr so häufig anzutreffen wie früher. Dieser Molch lebt hauptsächlich in stehenden, aber auch langsam fließenden Gewässern in hügeligem, leicht bergigem Gelände.

Reptilien

Blindschleichen (*Anguis fragilis*) werden leider immer noch erschlagen, weil man sie für Schlangen hält. Ihrer versteckten Lebensweise verdanken es diese völlig beinlosen Schleichen wohl, dass sie noch nicht auf der Liste der vom Aussterben bedrohten Tiere erscheinen. Sie können ein recht hohes Alter erreichen. Blindschleichen sind auch nicht blind, sie können durchaus gut sehen und bringen lebende Junge zur Welt. Ihr Schwanz ist wie der der Eidechsen mit einer Bruchstelle versehen und kann im Notfall abgeworfen werden und auf einen Fressfeind durch seine Eigenbewegung als Ersatzbeute wirken.

Bergmolch, Männchen

Wald-, Moor- oder Bergeidechsen (*Lacerta vivipara*) finden sich nur dann am Gartenteich ein, wenn das Biotop aus Menschenhand mehr als nur eine Zierde ist. Diese Eidechse war einst bei uns weit verbreitet. Wie schon der Name sagt, ist sie in der Lage, die unterschiedlichsten Lebensräume zu besiedeln.

Diese Art ist wie Blindschleiche, Schlingnatter und Kreuzotter lebendgebärend (ovovivipar). Leider sind sie nicht nur vom Menschen bedroht, der ihren Lebensraum zerstört, sondern auch von vielen anderen Feinden. Altes Holz (Baumstümpfe) und Feldsteinhaufen helfen dieser Echsenart, in Teichnähe zu überleben. Sie suchen zum Wärme-Tanken gerne sonnige Stellen auf und nehmen nach einer gewissen Gewöhnungszeit auch kleinere Störungen in Kauf, ohne zu flüchten. Man kann Eidechsen sogar so weit bringen, dass sie Mehlkäferlarven von einer Futterpinzette nehmen, ohne zu fliehen.

Zauneidechsen (*Lacerta agilis*) sind ausgesprochene Sonnenkinder. Sie bevorzugen geschützte, warme Stellen, um stundenlang ihr Sonnenbad zu nehmen. Am wohlsten fühlen sie sich, wenn südseitige Böschungen, Feldsteinhaufen oder Mauern vorhanden sind. Früher waren diese besonders hübschen Eidechsen (vor allem die Männchen) bei uns noch recht häufig anzutreffen. Heute gehören sie in manchen Gebieten schon zu den ausgesprochenen Seltenheiten. Als Insektenfresser leiden sie besonders unter der Veränderung ihrer Lebensräume und dem Einsatz von Pestiziden. Haben die Echsen sich erst einmal an die Annäherungen des Menschen gewöhnt, kann man gut beobachten, wie sie sich gierig über die Zukost (zum Beispiel Mehlkäferlarven), die man in flachen Schalen anbietet, hermachen. Eine Zusatzfütterung empfiehlt sich besonders nach langen Regenperioden.

Ringelnattern (*Natrix natrix*) sind gut an ihrer typischen, halbmondförmigen, gelben Zeichnung hinter dem Kopf zu erkennen. Sie stellen sich nur an Teichen ein, die unmittelbar an ein natürliches Biotop anschließen und ziemlich groß sind. Die natürliche Nahrung der Ringelnatter sind Frösche und Fische, aber auch Molche.

***Zauneidechse auf** der Lauer*

▸ Exoten für den Garten?

Durch das Handelsverbot mit einheimischen Amphibien und Schildkröten ist es leicht möglich, dass ein Teichbesitzer auf den Gedanken kommen könnte, sich Tiere aus anderen Regionen zu besorgen oder sogar Exoten in seinen Gartenteich zu setzen. Abgesehen davon, dass auch diese Tiere abwandern werden, den Winter nicht überstehen oder im Teich einigen Schaden anrichten können, ist dies aus Gründen der Faunenverfälschung abzulehnen und verboten. Solche Flüchtlinge können großen Schaden unter den einheimischen Beständen anrichten.

Die Pflege solcher Tiere sollte man

***Exotische Schildkröten** gehören in ein Terrarium und nicht in den Gartenteich, weil sie oft entweichen.*

***Posthornschnecken: gute** Algenfresser*

Spezialisten überlassen, die die Tiere in gut gesicherten Freilandanlagen oder Terrarien erfolgreich halten und züchten.
Als normaler Gartenteichbesitzer jedoch hat man genügend Möglichkeiten, sich an einheimischen Arten zu erfreuen.

▸ Schnecken

Es bleibt nicht aus, dass plötzlich Wasserschnecken im Teich auftauchen. Sie sind wahrscheinlich mit den Teichpflanzen als Schneckenlaich eingeschleppt worden. So unbeliebt Schnecken oft bei Aquarianern und Gartenbesitzern sind, so empfehlenswert sind einige Arten für den Gartenteich, weil sie mithelfen, den Teich sauber zu halten. Sie verzehren jeglichen Abfall, zum Beispiel tote Tiere, aber auch Algen. Dabei kann es natürlich vorkommen, dass auch frisches Grün von Pflanzen abgeweidet wird. Hält sich ihre Zahl in Grenzen, nützen sie stets mehr, als dass sie schaden.

Spitzschlammschnecken (*Lymnaea stagnalis*) sind am häufigsten in den Gartenteichen zu finden. Sie weiden unentwegt die Algenbestände sowohl von den Pflanzen, dem Bodengrund als auch von den Folienwänden ab; sie gelten als typische Weidegänger. Man kann sie auch häufig unter dem Wasserspiegel mit dem Rücken nach unten, die Fußsohle nach oben, entlang ziehen sehen. Dabei kriechen sie auf ihrem körpereigenen Schleim, den sie während des Kriechvorganges ausscheiden. Die Spitzschlammschnecke atmet atmosphärische Luft und kommt, wenn das Wasser sauerstoffärmer ist, öfter an die Wasseroberfläche, um Luft zu schöpfen. Im Winter unter Eis genügt dieser Art die Atmung über ihre Haut, um zu überleben. Obwohl die Spitzschlammschnecke, wie die meisten Schnecken, ein Zwitter ist, kann man im Teich auch reges Paarungsverhalten beobachten. Ein Tier agiert als Weibchen, das andere als Männchen. Der gallertartige, bandförmige Schneckenlaich klebt auf Holz, Steinen und Wasserpflanzen. Die Elterntiere sind an keine festen Eiablageplätze gebunden. In kleinen Teichen können sie auch überhand nehmen und die Pflanzen schädigen. Man kann sie aber gut absammeln, da sie ja immer wieder an die Wasseroberfläche kommen. Für Amseln stellen sie einen wahren Leckerbissen dar, was leer gefressene Schneckenhäuser am Teichrand beweisen.

Teller- oder Posthornschnecken (*Planorbidae*) sind ebenfalls willkommene Teichbewohner. Auch sie weiden den Algenrasen ab und fressen Detritus (Schwebe- und Gewebeteilchen und von Bakterien Zerlegtes). Im Gegensatz zur vorher genannten Art leben Posthornschnecken, die es in mehreren

Farbvarianten von gelblich über Rot bis zu Schwarz gibt, in den tieferen Zonen eines Teichs.

Sumpfdeckelschnecken (*Viviparus viviparus*) stellen die größte einheimische Süßwasserschneckenart. Sie gehört zu den Kiemenschnecken. Man erkennt sie an dem Deckel, der gut sichtbar auf ihrem Fuß sitzt und bei Gefahr als Verschluss dient. Sie sind lebendgebärend. Der Geschlechtsunterschied ist auch für den Laien gut erkennbar: Die Fühler des Weibchens sind gleich dünn, das Männchen hingegen besitzt unterschiedlich dicke Fühler, der rechte Fühler ist kürzer und dicker. Er enthält auch das Begattungsorgan. Leider können wir diese Tiere nur in einem Aquarium ausgiebig beobachten, da sie hauptsächlich den Bodengrund des Teichs bewohnen und sich dort von allerlei Abfall (Detritus) ernähren.

▸ Muscheln

Von den Süßwassermuscheln (*Bivalvia*) eignen sich die Teichmuschel (*Anodonta cygnea*) und die Malermuschel (*Unio pictorum*) für den Teich als lebendige Filter besonders gut. Die angebotenen Arten stammen alle aus großen Fischzuchtbetrieben. Wer Bitterlinge vermehren will, braucht dazu diese Süßwassermuscheln. Das Bitterlingsweibchen legt seine Eier mittels einer langen Legeröhre in die Atemöffnung der Muschel. Das Bitterlingsmännchen überschwimmt dann die Muschel und verströmt den Samen, der wiederum mit dem Atemwasser eingesaugt wird und die Fischeier in der Muschel befruchtet. Aber auch die Muschel profitiert von dieser Partnerschaft: Ihre Larven werden von den in der Muschel geschlüpften Jungfischen (an denen sie haften) verbreitet. Damit sich auch diese Tiere wohl fühlen, setzen wir sie in flache Schalen, die mit Feinsand gefüllt sind, auf den Bodengrund des Teiches.

Von oben: *Teichmuschel, Sumpfdeckelschnecke, Posthornschnecke und Spitzschlammschnecke.*

Insekten am Teich

Vom Frühjahr bis zum Spätherbst ist unser Gartenteich eine wahre Fundgrube für interessante Beobachtungen. Unter den gern gesehenen Gästen fallen viele Insekten auf, zum Beispiel die nimmermüden, sich emsig tummelnden, silbrig glänzenden, in Wirklichkeit aber lackschwarzen Taumelkäfer (*Gyrinus substriatus*). Sie sind an den Lebensraum Wasser hervorragend angepasst, da sie sowohl über als auch unter Wasser sehen und auch schwimmen können. Ein spezielles Organ ermöglicht es ihnen, schon feinste Erschütterungen wahrzunehmen. Außerdem können sie ein übel riechendes Sekret ausscheiden, das eventuellen Fressfeinden jeglichen Appetit vergehen lässt.

Wasserläufer

Die zugewanderten Wasserwanzen, zu ihnen zählen auch die Ruderwanzen (*Corixidae*), Wasserläufer (*Gerridae*), Rückenschwimmer (*Notonectidae*), Wasserskorpione (*Nepidae*) und die Stabwanzen (*Nepidae*), saugen ihre Beutetiere, unter anderem auch Mückenlarven, aus, während sie gleichzeitig mit ihren Mundwerkzeugen Verdauungssäfte in die Beute injizieren. Unter den genannten Insekten gibt es schnell schwimmende Überwasserjäger, zum Beispiel Wasserläufer, Unterwasserjäger, wie die rasanten Rückenschwimmer und die ruhigen und gut ge-

Gelbrandkäfer-Männchen, *die Weibchen besitzen gelb gefurchte Flügeldecken*

tarnten Wasserskorpione sowie Stabwanzen, die zwischen Pflanzenstängeln versteckt ihrer Beute auflauern.

Der so genannte Wasserläufer (*Gerris lacustris*) dürfte der wohl auffälligste und auch häufigste Vertreter seiner Art sein. Wasserläufer gleiten mit ihren langen Beinen oft blitzschnell, dann wieder langsam und gemächlich wie ein Eiskunstläufer auf der Wasseroberfläche dahin. Durch ihre feine, Wasser abstoßende Beinbehaarung und durch die Oberflächenspannung des Wassers sinken diese Insekten nicht ein. Sie ernähren sich von fressbarem Treibgut (Kleininsekten) auf der Wasseroberfläche. Von den Wasserläufern gibt es noch weitere Arten, wie die Teichläufer (*Hydrometridae*), die sich durch einen längeren und dünneren Körper sowie durch auffällig lange Fühler von der erstgenannten Art unterscheiden.

Fast ebenso häufig wie Wasserläufer finden sich Rückenschwimmer (*Notonectidae*) im Gartenteich ein. Sie werden im Volksmund auch Wasserzikaden genannt, weil sie während der Paarungszeit zirpende Töne von sich geben. Rückenschwimmer sind ebenso ausgezeichnete Schwimmer wie Jäger und Flieger. Außerdem vermögen sie auch spürbar zu stechen. Den Namen haben diese Tiere ihrer ungewöhnlichen Schwimmlage zu verdanken. Auf dem Rücken schwimmend, bewegen sie sich im Wasser äußerst behände fort. Zum Luftholen durchstoßen sie mit dem Hinterleib die Wasseroberfläche.

Gefräßige Gelbrandkäferlarven

Alle sechs Arten, die es bei uns gibt, sehen sich sehr ähnlich, sodass es äußerst schwer ist, sie auf Anhieb zu unterscheiden. Als Unterwasserräuber leben diese Insekten von allerlei Kleingetier, auch von Mückenlarven.

Wasserkäfer In Ihrem Teich können sich auch noch andere hochinteressante Insekten wie zum Beispiel verschiedene Wasserkäfer einfinden. Im Gegensatz zu den an Land lebenden Käferarten sind sie für das Wasserleben bestens gerüstet. Wasserkäfer besitzen kräftige, abgeplattete Schwimmbeine und einen strömungsgünstigen, meist flachen Körper. Zum Luftholen kommen sie mit dem Hinterleib an die beziehungsweise über die Wasseroberfläche. Sie leben sowohl in stehenden als auch in fließenden Gewässern. Unter ihnen gibt es gewaltige Räuber, die selbst vor Fischen und Kaulquappen nicht Halt machen.

Ebenso bekannt wie berüchtigt sind der Gelbrandkäfer (*Dytiscus marginalis*) und seine nicht minder gefräßige und räuberische Larve, die auch als Wasserwolf bezeichnet wird. Der Käfer kann bis etwa 35 mm lang und etwa 18 mm breit werden. Die Larven erreichen immerhin eine Länge von nahezu 80 mm. Sie fressen beide alles, was sie überwältigen können. Beim Fang schlagen sie ihre kräftigen, spitzen Kieferzangen in den Körper ihres Opfers. Dabei gelangt ein Verdauungssekret in den Körper der Beute, das den Körperinhalt verflüssigt, sodass dieser problemlos ausgesaugt werden kann. Seine Größe und die auffällige Zeichnung (der gelbe Flügelrand) machen den Gelbrandkäfer zum auffälligsten Wasserkäfer überhaupt. Soweit er nur in geringer Zahl auftritt, hat er – auch wenn er durch seine

***Libelle nach** dem Schlupf*

räuberische Art unbeliebt ist – im Teich seine Daseinsberechtigung. In der irrigen Meinung, einen Gelbrandkäfer vor sich zu haben, werden oft der Gaukler (*Cybister laterimarginalis*) und der Furchenschwimmer (*Acilius sulcatus*) – beide sehen dem Gelbrandkäfer ähnlich – zu Unrecht aus dem Teich entfernt.

Libellen Zu den beliebtesten Teichgästen gehören mit Sicherheit die Libellen. Kaum jemand kann sich der Faszination entziehen, die von diesen bunt schillernden Flugkünstlern ausgeht. Sie sind ausgesprochen wendig, fliegen rückwärts genauso wie vorwärts und können blitzschnell die Richtung wechseln oder einfach auf der Stelle verweilen.

Unter den rund 70 Arten sind einige auf bestimmte Biotope, zum Beispiel Moore oder Heidegebiete, angewiesen. Ihre Nahrung erjagen sie sich im rasanten Flug. Die großen Facettenaugen ermöglichen ihnen dabei, selbst schnellste Beute zu erkennen. Libellen legen ihre Eier auf und über Wasser an feuchten Stellen oder Pflanzenteilen ab. Im Larvenstadium leben sie ausschließlich im Wasser, ernähren sich dort räuberisch und machen auch vor größeren Beutetieren wie Kaulquappen nicht halt. Mit ihrer Fangmaske können sie die einmal ergriffene Beute sicher festhalten. Für die Libellen stellt der Teich, wie für viele andere Insekten auch, einen unverzichtbaren Lebensraum dar.

Unter den zahlreichen Insekten und deren Larven, die im Teich leben, befinden sich auch viele Fliegen und Fliegenähnliche. Sie alle abzubilden und zu beschreiben, würde den Rahmen dieses Buches sprengen. Hier sei auf die weiterführende Literatur verwiesen. Einige Arten fallen jedoch am Teich

***Libelle beim** Aufpumpen der Flügel nach dem Schlupf.*

immer wieder auf, die deshalb erwähnt werden sollen. Wenn Sie beobachten, dass sich am Teichboden ein rundes, längliches Pflanzenstück, das einer Röhre ähnlich sieht, fortbewegt, so haben Sie die Larve einer Köcherfliege (*Trichoptera*) vor sich. Die unterschiedlichen Arten dieses Insektes bauen ihren Köcher (er dient als Schutz und Tarnung für den weichen, raupenähnlichen Hinterleib) nach einem für sie typischen Baumuster und mit unterschiedlichen Baumaterialien. In stehenden Gewässern dienen hierzu leichte Stoffe wie zum Beispiel Blattreste. Die in Fließgewässern lebenden Köcherfliegen verwenden schwereres Material wie Feinsand, Steinchen und Muschelgrus. Als Nahrung dienen den Köcherfliegenlarven pflanzliche Stoffe und Detritus. Angler benutzen das fertige und flugfähige Insekt, das einem bräunlichen Schmetterling gleicht, gern als Köder.
Es gibt allerdings auch Insekten am Teich, die nicht so gern gesehene Gäste sind.

Optimaler Naturteich *– Lebensraum für viele Tiere.*

▸ Mückenplage vermeiden

Äußerst unangenehm und deshalb zu Recht unbeliebt sind die Stechmücken. Zur echten Plage kann zum Beispiel die Gemeine Stechmücke (*Culex pipiens*) werden, wenn sie in Massen auftritt und uns mit ihrem Sirren den Schlaf raubt. Die Mückenweibchen sind gezwungen, Warmblüterblut aufzunehmen, damit ihre Eier heranreifen können. Früher, bevor die Malaria in Mitteleuropa durch die Zerstörung der Brutstätten erfolgreich bekämpft wurde, ging von der Malariamücke (*Anopheles* spec.) eine nicht unerhebliche Gefahr aus. Die Weibchen beider Stechmückenarten legen ihre Eier auf dem Wasser ab, und die Larven wachsen im Wasser heran. Von der Eiablage bis zum Schlupf dauert die Entwicklung über vier Larvenstadien und ein Puppenstadium je nach Wassertemperatur (je wärmer, desto schneller) etwa 1 bis 3 Wochen.
Ist der Gartenteich gesund, so kann man sicher sein, dass sich der Mückenbestand in Grenzen hält und, wenn überhaupt, kaum ins Gewicht fällt. Stechmücken meiden saubere, nährstoffarme und bewegte Gewässer. Sie vermehren sich in den Gärten eher in Regenfässern und Gefäßen aller Art, in denen sich Wasser angesammelt hat. Im Gartenteich sorgen die reichlich vorhandenen Fressfeinde wie Wasserinsekten und deren Larven für eine stete Dezimierung der Mückenlarven. Für Fische sind Mückenlarven wahre Leckerbissen. Als unangenehme Stecher gelten auch noch die so genannten Gnitzen (*Ceratopogonidae*), winzige, etwa 2 mm große Insekten, deren Larven weißlich, lang und dünn sind. Sie leben aber eher in Mooren als in Gartenteichnähe.

Unter den anderen Mückenarten, deren Larven man im Teich finden kann, sind keine weiteren Stechmücken. Dem Aquarianer sind vor allem die so genannten Roten Mückenlarven (Zuckmücken, *Chironomidae*) und die Weißen Glasstäbchen (Büschelmücken, *Chaoboridae*) wohl bekannt, da sie als hervorragendes Zierfischfutter gelten und deshalb begehrt sind.

Spinnen im und am Wasser

Spinnen sind ein wichtiges Glied innerhalb der Kette artenreicher Lebensgemeinschaften.
Leider finden sich Wasserspinnen (*Argyroneta aquatica*) aus der Familie der Trichterspinnen (*Agelenidae*) nur recht selten ein. Wenn natürliche Gewässer in der Nähe sind oder der Zufall es will, kann mit Pflanzen diese überaus interessante Spinne mit eingebracht werden. Sie ist die einzige einheimische Spinne, die in stehenden oder ruhig fließenden Gewässern unter Wasser Luftglocken an Pflanzen baut. Sie lebt ständig untergetaucht und kommt nur an die Oberfläche, um Luft, die von der Behaarung festgehalten wird, in ihre Behausung zu tragen. Bei vielen Spinnen werden die Weibchen größer als die Männchen. Bei der Wasserspinne ist es gerade umgekehrt. Ihre Hauptnahrung sind Wasserasseln und Insektenlarven.
Weit häufiger findet man am Teich die Listspinne (*Dolomedes fimbriatus*) aus der Familie der Raubspinnen (*Pisauridae*), eine unserer schönsten Spinnen, die fast 2 cm Körperlänge erreicht. Diese Art klettert gut und läuft geschickt ohne einzusinken über das Wasser. Gern hält sich die Raubspinne im Uferbereich des Gewässers auf. Diese Spinne, die kein Fangnetz baut, sondern frei jagt, überwältigt nicht nur größere Insekten, sondern auch kleinere Fische, die sie an die Oberfläche lockt, indem sie mit den Vorderbeinen das Wasser in Schwingungen versetzt. Der Eikokon wird vom Weibchen zuerst mit den Mundwerkzeugen getragen. Kurz vor dem Schlüpfen der Jungtiere wird er unter zusammengesponnenen Grashalmen aufgehängt und bewacht.
Der Wasserjäger (*Pirata uliginosa*) aus der Familie der Wolfsspinnen (*Lycosidae*) ist nur eine der sieben einheimischen Wasserjägerarten. Alle leben meistens in Wassernähe oder auf dem Wasser und tauchen bei Gefahr geschickt ab. Wie bei allen anderen Wolfsspinnen auch, tragen die Weibchen den Eikokon – im Gegensatz zu den mit ihnen verwandten Raubspinnen – an den Spinnwarzen; nach dem Schlüpfen klettern die Jungen auf den Hinterleibsrücken der Mutter und verbleiben dort noch einige Zeit.
Wenn man nach Regenfällen oder nach herbstlichem Tau zwischen den höheren Ufer- oder Sumpfpflanzen auffällige Radnetze mit einer offenen Nabe sieht, hat man wahrscheinlich das Netz der Streckerspinne (*Tetragnatha extensa*) aus der Familie der Strecker- oder Kieferspinnen (*Tetragnathidae*) vor sich. Der Name Streckerspinnen spielt auf das Verhalten der Spinnen an, in Ruhehaltung die meisten Beinpaare mehr oder weniger parallel zur Körperlängsachse aus-

Wespen- oder *Zebraspinne*

***Ein so** großer Teich beherbergt viele Tier- und Pflanzenarten.*

zustrecken. Kieferspinnen heißen diese Tiere auch wegen ihrer auffällig großen Mundwerkzeuge. Bei der Paarung verhakt das Männchen seine Kiefer so geschickt mit denen des Weibchens, dass dieses sie nicht mehr zum Angriff benutzen kann.
Ist die Teichanschlusszone dicht bewachsen, kann sich sogar die fantastisch gezeichnete Wespen- oder Zebraspinne (*Argiope bruennichi*) einstellen.

▸ Wasserflöhe im Teich

Wasserflöhe (*Cladocera*) sind als Fischfutter ebenso beliebt wie Mückenlarven. Etwa 80 Arten kommen in stehenden, nährstoffreichen Gewässern vor. Sie ernähren sich von Kleinstlebewesen, Schwebealgen und Bakterien, die sie aus dem Wasser herausfiltern. Bei zusagenden Wasserbedingungen können sie sich stark vermehren. Es treten dann nur weibliche Tiere zutage. Wenn sich die Lebensbedingungen für die Wasserflöhe verschlechtern oder das Gewässer austrocknet, treten auch Männchen auf. Durch die Befruchtung werden vom Weibchen Dauereier gezeitigt, die auch ein vorübergehendes Austrocknen des Gewässers überdauern.
Vor der Erfindung des Zierfischfutters waren Wasserflöhe für Aquarianer als Nahrung für die Fische unentbehrlich. Auch im Gartenteich sind sie durchaus erwünscht, weil sie feinste Schwebeteilchen und kleine Algen aus dem Wasser filtern und außerdem vielen Tieren als Nahrung dienen. Bei aller Nützlichkeit dieser Tiere sei aber ausdrücklich davor gewarnt, in einen frischen Teich, der mit kaltem, unaufbereitetem Leitungswasser gefüllt ist, einfach einen oder mehrere Eimer Wasserflöhe zu kippen in der Hoffnung, dass die Wasserflöhe die Schäden beheben, die durch eine totale Überdüngung angerichtet wurden. Die Tierchen würden sofort absterben und das Wasser stark belasten. Wasserflöhe müssen grundsätzlich langsam an das neue Wassermilieu gewöhnt werden, und der Teich sollte mindestens drei Monate alt sein.

Schnelle Hilfe bei Problemen

▸ Der Wasserstand

Problem: Der Teich leckt.
Ursache: Gewalteinwirkung oder mangelhafte Verarbeitung
Maßnahme: Ist bei Betonteichen die Schadstelle ermittelt, muss man sie gründlich säubern. Dann mischt man wasserfesten Zement und Sand im Verhältnis 1:2 und gibt mit dem Wasser noch Dichtmittel in den Mörtel. Diese Masse wird anschließend in den angefeuchteten Riss gestrichen. Nach dem Trocknen empfiehlt es sich, die reparierte Stelle mit einem Schutzanstrich aus Kunstharz zu versehen. Wiederholen sich nach jedem Winter die Schäden oder verliert der Teich größere Wassermengen, kann man die Teichschale mit einer Folie (0,5 mm Stärke reichen aus) auskleiden. Sollte eine Folie lecken, was weitaus seltener vorkommt, so ist dies meistens auf Gewalteinwirkung, zum Beispiel durch die Zinken eines Rechens oder einer Grabegabel, zurückzuführen. Die Schadstelle wird, wenn möglich, von *beiden* Seiten gesäubert, etwas mit Schmirgelpapier aufgeraut und mit Folienflicken (übrig gebliebene Ränder oder solche aus dem Reparatur-Set), die gut mit Kleber (Kaltschweißmittel) eingestrichen wurden, geflickt. Anschließend müssen die Flicken gut angepresst werden (mit flachen Steinen oder kleinen Sandsäcken). Zum Schluss, wenn alles trocken ist, werden die Ränder mit Kaltschweißmittel oder Silikon versiegelt. Diese Arbeiten sollten am besten bei trockenem und warmem Wetter (über 15 °C) und mit Schutzhandschuhen und Brille durchgeführt werden.

***Besandete Folie** heizt sich bei Sonneneinstrahlung nicht so stark auf wie schwarze Teichfolie.*

Problem: An manchen Tagen sinkt der Wasserstand.
Ursache: Heiße Sommertage und starker trockener Wind lassen viel Wasser verdunsten.
Maßnahme: Besonders wenn der Wetterbericht ein andauerndes Hochdruckgebiet prognostiziert, sollten Sie ans Nachfüllen denken. Eine Wasserzufuhr aus der Leitung kann aber das ökologische Gleichgewicht empfindlich stören. So wäre es zum Beispiel möglich, dass die Seerosenblüte jäh gestoppt wird. Vorsichtshalber lassen Sie Wasser aus dem Schlauch ganz behutsam mit dünnem Strahl nachlaufen. Ein Schock für das Teichleben unterbleibt, wenn das Nachfüllen in mehreren Etappen (alle 3 bis 5 Stunden etwa ein Fünftel der Fehlmenge) geschieht. Damit der Bodengrund nicht aufgewirbelt wird, kommt der Schlauchauslauf in eine am Teichrand so weit abgesenkte Gießkanne, dass das Wasser über die Tülle langsam zulaufen kann.

Üppige Pflanzen, *aber zu wenig freie Wasseroberfläche*

Wasser

Problem: Das Wasser ist nahezu undurchsichtig und grün gefärbt. Kundige sprechen von einer Wasserblüte.

Ursache: Überdüngung. Dadurch kommt es oft zum Auftreten der grünen Schwebe- oder Kugelalge (*Volvox*). Unter dem Mikroskop kann man sie durch ihre kugelrunde Gestalt, ihre grüne Färbung, die Geißeln und durch ihre Größe (0,5 bis 2 mm) identifizieren.

Maßnahme: Überdüngung vermeiden! Silberkarpfen (*Hypophthalmichthys molitrix*) fressen dieses „Plankton". Mit einem leistungsstarken Filter beziehungsweise mit einer starken Wasserbewegung und einem *vor*geschalteten UV-Wasserklärer bringt man sie zum Verschwinden. Der Einsatz von Spezialschwarztorf hat sich ebenfalls gut bewährt. Weniger empfehlenswert ist es, obwohl man dies häufig lesen kann, eine „Wasserblüte" mit Wasserflöhen zu bekämpfen, weil bei schlechten Wasserbedingungen die Wasserflöhe sehr schnell absterben können und dabei das Wasser zusätzlich belasten.

Problem: Das Wasser ist milchig grau – oft sind Zusammenballungen wie graue Wolken zu beobachten. Die Fische können in ihrer Atmung behindert sein und an der Wasseroberfläche stark atmend nach Luft schnappen.

Ursache: Infusorien – das sind mikroskopisch kleine Lebewesen, auch Aufgusstierchen genannt (Wimpern- und Pantoffeltierchen gehören zu ihnen). Zu viel organische Substanz im Wasser.

Maßnahme: Für kräftige Wasserbewegung (durch Filter) sorgen und einen UV-Wasserklärer *vor*schalten. Durch Nährstoffentzug (weniger füttern und abgestorbenes Material entfernen) und unter gleichzeitigem Absenken des pH-Wertes (auf pH 6,8 bis 7,5) verschwindet die Trübung (Massenvermehrung) wieder. Auf keinen Fall das Wasser auswechseln. Dies würde eine noch größere Vermehrung dieser Lebewesen zur Folge haben.

Trübes Wasser *kann durch Wasserbewegung verhindert werden.*

Problem: Das Wasser im Zierfischteich ist graugrün und trübe. Man kann die Fische kaum erkennen, auch wenn sie im oberen Bereich des Teiches schwimmen. Die Sicht beträgt kaum zehn Zentimeter.
Ursache: Mulm und Bodengrund sowie -schlamm, der durch das Gründeln der Fische immer wieder aufgewirbelt wird.
Maßnahme: Starken Filter einsetzen. Notfalls ist der Bodengrund auszutauschen.

Problem: Die Wassertemperatur steigt über 30° C.
Maßnahme: Als Sofortmaßnahme muss ein Teilwasserwechsel für Linderung sorgen. Oder es muss im Notfall sogar die gesamte Wassermenge ausgewechselt werden. Wenn Wasser erneuert oder ausgetauscht wird, ist jeglicher Schock für Fische und Pflanzen zu vermeiden. Dazu gleicht man die Wassertemperatur etwas an (langsam zulaufen lassen und nicht mehr als ein Drittel der Gesamtwassermenge auf einmal wechseln) und bereiten das Wasser mit einem Wasseraufbereitungsmittel aus dem Fachhandel auf. Um einen chemischen Schock zu vermeiden, mischt man das Teichwasser mit dem Frischwasser (Regenwasser muss man ebenfalls aufbereiten) und lässt es ebenfalls langsam zulaufen.

Problem: Das Wasser riecht muffig oder faulig. Die Wasseroberfläche ist mit Mückenlarven bedeckt.
Ursache: Verdorbenes Wasser. Der Grund kann vielschichtig sein. Man muss die Wasserqualität (NO_3-, PO_4-, pH-, O_2-Werte) testen, vor allem aber den Bodengrund eingehend untersuchen. Mit einem Besenstiel in den Bodengrund tupfen und beobachten, ob Blasen aufsteigen. Wenn Blasen aufsteigen, es nach faulen Eiern riecht, die Steine an der Unterseite blauschwarz sind und sich viel Mulm und totes Material am Teichgrund angesammelt hat, kann es dazu kommen.
Maßnahme: Ursache ermitteln und sofort reagieren. Teich säubern und Teilwasserwechsel mit aufbereitetem Wasser vornehmen (Seite 50).

Bewegtes Wasser *– da haben Mückenlarven keine Chance.*

Gefährliche Einschwemmungen

Ebenso gefährlich wie Schwermetalle oder Chlor sind Einschwemmungen von Insekten- oder Pflanzengiften sowie Unkrautvernichtungsmitteln. Auch einige Pflanzendünger (Rasendünger!) reagieren im Teich äußerst giftig. Weder Wind noch Regen machen vor einem Gartenzaun oder Gartenteich halt.

Viele unerklärliche Fischsterben sind das Resultat solcher Einschwemmungen.

Jeder umweltbewusste Teichbesitzer und Heimgärtner sollte auf den Einsatz jeglicher Pestizide und Herbizide verzichten und, wenn möglich, auch auf seine Nachbarn einwirken, es ihm nachzutun. Es ist den wenigsten Verbrauchern bewusst, dass, je mehr „Gift" ausgebracht wird, sich die Schädlinge umso schneller und zahlreicher wieder vermehren, weil ihre Fressfeinde auch abgetötet oder aus dem Garten vertrieben werden. Zudem bilden sich Resistenzen. Fürwahr ein Teufelskreis, den es zu durchbrechen gilt!

Zuviele Nährstoffe *bedingen starkes Algenwachstum.*

Vorsicht! Wer *mit dem Rechen nach Algen fischt, beschädigt leicht die anderen Pflanzen oder die Teichfolie!*

Algen

Es ist wirklich eine Illusion zu glauben, dass es absolut algenfreie Gewässer gibt. Dies ist gar nicht möglich, denn so gut kann ein biologisches Gleichgewicht gar nicht sein, dass sich Produzenten und Reduzenten absolut die Waage halten. Man denke nur an den ständigen Eintrag organischer Substanzen, wie Rasen- und Falllaub oder Pollen aus der Luft durch Wind und Regen oder absterbende Pflanzen im Teich selbst. Auch Fischfutter und Fischausscheidungen sind wasserbelastend. Ganz abgesehen von oft abenteuerlich anmutenden Pflanzsubstraten und Düngern.

Patentrezepte zur absoluten Vermeidung oder absoluten Bekämpfung können nicht angeboten werden – Algen sind von ihrem Bauplan und der Möglichkeit zu assimilieren eben auch den Pflanzen zuzurechnen (wenn auch nicht so hoch ent-

wickelt). So sind nur Maßnahmen möglich, um die Algen nicht zum ernsthaften Problem werden zu lassen.
Als Erstes fallen schon kurz nach der Anlage des Gewässers schaumige, mehr oder wenige grüne Placken auf, die nahe der Oberfläche treiben. Diese Algenformen sollten Sie sofort abkeschern. Später, wenn das Wasser schon gute Werte aufweist, können lange Fadenalgenpolster sichtbar werden. Auch diese entfernt man mit einem starren Besen, indem man sie wie Spaghetti aufwickelt und über einem Teichkescher herausangelt.
Problematisch sind allerdings dichte Blaualgenteppiche, die Bodengrund oder Pflanzen flächendeckend überziehen können. Bei ihrem Auftreten sollte man den Ursachen mit allen zur Verfügung stehenden Mitteln (Wassertests) auf den Grund gehen, um richtig reagieren zu können. Im freien Wasser können auch grüne Trübungen den Durchblick erschweren, die durch die so genannten Schwebe-Algen hervorgerufen werden. Leider kommt bei manchen Teichbesitzern die chemische Keule zum Einsatz, ohne die Ursache der Algenblüte zu kennen. Was passiert dann? Vorausgesetzt, man hat das Mittel richtig dosiert (wie viel Liter Wasser sind denn jetzt im Teich – Sie erinnern sich?) und es wirkt, dann stirbt der größte Teil der Algen ab, sinkt auf den Bodengrund, das Wasser wirkt kurzfristig klar, dann passiert Folgendes: Die tote Masse verrottet, dabei wird lebenswichtiger Sauerstoff verbraucht und die in den abgestorbenen Algen vorhandenen Nährstoffe werden zum großen Teil wieder frei und schon beginnt der unselige Kreislauf von Neuem.
Deshalb muss man die abgestorbene Masse aus dem Teich mit einem speziellen Teichsauger absaugen und das Wasser über entgiftende Filtermassen filtern. Dann nicht vergessen, die Ursachen abzustellen und den Teich zu sanieren.

***Regelmäßig Falllaub** abkeschern.*

Problemdiagnose:

- überprüfen Sie den Bodengrund (auch der in den Pflanzgefäßen)
- steigen Blasen auf, wenn man darin stochert, die nach faulen Eiern riechen oder ist der Untergrund schwarz gefärbt (auch an Steinunterseiten), muss man diese Partien austauschen; Teichaushub, Feinsand, torfhaltige Erden könnten die Ursache sein
- starker Laubeintrag, Tannen-, Fichten-, oder Kiefernnadeln in großer Menge können ebenso wie Grasabschnitt die Ursache sein
- sind Dünger (Rasen- und Pflanzendünger) eingeweht (auch aus der Nachbarschaft)?
- sind zu viele Fische im Teich, die mit ihren Ausscheidungen oder zu viel Futter den Algenwuchs ebenfalls fördern?
- pflanzenlose Gewässer sind ebenfalls labiler
- hohe pH-, KH-, PO_4- und NO_3-Werte sind ausgesprochen algenwuchsfördernd; besonders, wenn auch noch ein akuter Sauerstoffmangel vorliegt

Maßnahmen:

- besonders im Frühjahr sollte man den Algenwuchs im Auge behalten und Algen rechtzeitig entfernen
- abgestorbene Pflanzen sollten im Frühjahr und Herbst stets entfernt werden
- zu viel Schlamm und Mulm entfernen
- Einsatz eines UV-Wasserklärers bei Schwebe-Algen und Planktontrübungen
- Einsatz eines guten Teichfilters, mit neuen Filtermaterialien bestückt und mit Starterbakterien geimpft
- mit einer starken Förderpumpe zusätzlich einen Klärbach oder ein Filterbecken betreiben
- Starterbakterien einsetzen oder den Filter mit etwas Bodenschlamm aus einem gesunden Teich impfen

- Der Fischbesatz muss in Grenzen bleiben! Ebenso die Fütterung. Nur soviel füttern, wie sofort gefressen wird. Keine Vorratsfütterung!
- Einwehungen durch dichte Uferbepflanzung und den Einsatz eines Laubschutznetzes vermeiden
- beim Frischwasserzulauf Wasseraufbereitungsmittel nicht vergessen!
- darauf achten, dass stets viele Pflanzen den Teich besiedeln; sie sind immer noch am besten geeignet, ein Zuviel an Nährstoffen abzubauen

Seerosenzünsler, Larven *und Puppen mit typischen Schadsymptomen*

Pflanzen

Problem: Seerosenblätter, Froschbiss und die Schwimmblätter der Seekanne und Wasserähren zeigen halbkreisförmige Ausschälungen bis zur Größe eines halben Eurostücks. Einige Blätter wirken wie perforiert.

Ursache: Der Seerosenzünsler (*Nausinoe nymphaeata*) – ein weißer, zart bräunlich bestäubter, kleiner Falter, der tagsüber zwischen Pflanzen verborgen ist und erst in der Dämmerung seine Eier in den oben genannten Pflanzenblättern ablegt. Die Raupen fressen von den Pflanzen und trennen halbkreisförmige Blattstücke aus der Pflanze heraus. Je zwei fügen sie zu einem schiffchenförmigen Kokon zusammen, um sich darin zu verpuppen. Bis zum Schlupf (nach 14 bis 20 Tagen) kleben diese Gebilde unter Wasser am Pflanzenstiel.

Maßnahme: Als natürliche Feinde der Raupe gelten folgende Fische: Orfen, Plötze und die Rotfeder, aber auch räuberische Wasserinsekten (Gelbrandkäfer und deren Larven). Man kann die „Schiffchen" auch absammeln, soweit man an die Pflanzen heranreicht. Die Falter sind eine willkommene Beute für Frösche und Vögel.

Typischer Schaden *durch Seerosenblattkäfer*

Problem: Die Schwimmblätter von Seerosen, der Seekanne oder der Wasserähren zeigen Löcher und längliche, auch gebogene Fraßspuren (Minierfraß).

Ursache: Die braunschwarzen Larven des Seerosenblattkäfers (*Alerncella nympheae*) zerstören durch Fraß von unten her das Blatt, bis nur noch die Adern übrig bleiben. Der kleine, etwa 6 bis 8 mm messende Käfer schädigt die Blätter ebenfalls. Dieses Schadinsekt wird häufig mit neu gekauften Pflanzen, die nicht gesäubert in den Teich kommen, eingeschleppt. Die Zahl der Käfer, die an Sumpf- und Wasserpflanzen gebunden sind, ist groß. Viele Pflanzen dienen den Larven der Insekten als Unterschlupf und Nahrung. An dieser Stelle sollen auch die Blattkäfer (Familie Chrysomelidae) hervorgehoben werden. Vor allem zwei Gattungen dieser Familie, nämlich die eigentlichen Rohrkäfer (*Donacia*) und die Runddecken-Rohrkäfer (*Plateumaris*) interessieren uns. Außerdem seien hier noch der Dickschenklige Rohrkäfer (*Donacia*

crassipes), der von Mai bis Juli auf den Blättern der See- und Teichrosen lebt, und der Rotgestreifte Rohrkäfer (*Donacia aquatica*), der auf Rohrkolben und einer Reihe von Sumpfpflanzen zur gleichen Jahreszeit vorkommt, genannt. Im Frühsommer kann man auf Sumpfpflanzen auch den Bunten Runddecken-Rohrkäfer (*Plateumaris sericea*) beobachten.
Maßnahme: Die Käfer werden von Fischen und Vögeln gefressen, die Larven von Fischen und von Wasserinsekten. Grundsätzlich sollte auf jegliche chemische Schädlingsbekämpfungsmittel verzichtet werden, wenn sich Fische im Teich befinden. Selbst Produkte, die natürliche pflanzliche Wirkstoffe wie Pyrethrum oder Rotenoide enthalten, wirken giftig auf Fische.

Problem: Kleine Löcher und Fraßstellen an Unterwasserpflanzen und Seerosenblättern
Ursache: Schneckenfraß, zum Beispiel durch die Spitzschlammschnecke (*Limnaea stagnalis*)
Maßnahme: Wenn die Schnecken überhand nehmen, muss man sie absammeln. Bei der oben genannten Art ist dies keine Schwierigkeit, denn sie atmen atmosphärische Luft und müssen deshalb regelmäßig zur Wasseroberfläche kommen.

Problem: Die Überwasserblätter der Seerosen, aber auch anderer Teichpflanzen sind dicht an dicht mit schwarzen Blattläusen übersät. Die befallenen Pflanzen kümmern und sehen welk aus.
Ursache: Blattläuse (*Rhopalosiphum nympheae*), umgangssprachlich auch schwarze Seerosenblattlaus genannt. Diese Blattläuse sind übrigens weltweit verbreitet.

***Blattläuse auf** einem Seerosenblatt*

Maßnahme: Stark befallene Überwasserblätter (die über den Wasserspiegel hinausragen) vorsichtig abschneiden und entfernen. Für andere Pflanzen kann das Absprühen mit dem Gartenschlauch vorübergehend Linderung verschaffen. Die abgespülten Blattläuse gehen aber nicht unter, sondern driften nur ab – meist nur bis zur nächsten Pflanze. Hier muss man wirklich auf die natürlichen Feinde der Blattlaus hoffen. Dazu gehören: Vögel, Flor- und Schwebefliegen sowie Marienkäfer, soweit diese an die Pflanzen herankommen.

Problem: Die Pflanzen wollen in der Vegetationszeit nicht wachsen. Sie kümmern, bleiben kurz und mager, die Blätter bleiben klein und glasig.
Ursache: Ungeeignetes Wasser. Wasserschock durch Zuleitung von eiskaltem Leitungswasser. Die Ursache kann aber auch ein falscher Standort sein (zu niedriger Wasserstand, zu trocken, zu feucht, zu hell oder zu dunkel).
Maßnahme: Alle Möglichkeiten nach den oben genannten Vorgaben überprüfen und die Ursachen beseitigen.

Problem: Die Pflanzen haben in der Vegetationsphase gelbe, oft glasig wirkende Blätter.
Ursache: Ungünstige Wasserverhältnisse, zu hohe Nitrat- und Phosphatwerte oder Eisenmangel beziehungsweise Spurenelemente-Mangel. Wurzeltrockenheit.
Maßnahme: Wasser überprüfen, vor allem Eisentest durchführen. Das Wasser stabilisieren (KH senken oder anheben, pH-Werte zwischen 6,8 und 7,5 einstellen oder, wenn nötig, einen Teilwasserwechsel vornehmen); gegebenenfalls nachdüngen.

Problem: Der Pflanzenwuchs kommt auffällig zum Stehen, es kommt zu Missbildungen (verkrüppelte Blätter) und zum Abfaulen von Blüten oder Knospen (häufig bei Seerosen zu beobachten). Manche Blätter vergilben und sterben ab.
Ursache: Lang anhaltende Schlechtwetterperioden (viel Nässe und kalter Wind) , Kälte und Regeneinbrüche nach Schönwetterperioden
Maßnahme: Abgestorbene Pflanzen und Pflanzenteile sind zu entfernen, damit das Wasser nicht zu sehr belastet wird. Diese Schadbil-

Nicht alle Seerosen sind winterhart. Viele exotische Arten müssen im Herbst ins Haus und frostfrei oder temperiert überwintern.

der verschwinden wieder, wenn sich das Wetter bessert.

Problem: Die Seerosenblätter bleiben klein oder zeigen gelbe Stellen, und die Pflanze blüht nicht.
Ursache: Knollenfäule (Pilzerkrankung) oder Temperaturschock durch zu kaltes Leitungswasser; faulender Bodengrund.
Maßnahme: Die Knolle überprüfen, ob sie hart und sauber ist beziehungsweise nicht faulig riecht. Wenn nötig, die Faulstelle ausschneiden, mit Holzkohle (Aquarienfilterkohle) bestäuben, antrocknen lassen und wieder in neues Substrat einsetzen, sodass das Rhizom im oberen Drittel unbedeckt bleibt. Wasserschock vermeiden!

Problem: Die Seerosenblätter werden nach einigen Jahren immer kleiner, die Blühwilligkeit ist eingeschränkt, und die Blätter werden auch im Hochsommer gelb.
Ursache: Die Seerose steht zu mager; der Bodengrund im Pflanzkorb ist verdorben oder zu mager.
Maßnahme: Die Pflanze herausnehmen, säubern, wenn nötig zurückschneiden und wieder in neues Substrat mit Düngekugeln setzen.

Problem: Im Frühjahr, wenn alle anderen Pflanzen austreiben, bleibt die eine oder andere Art aus. Sie ist verschwunden.
Ursache: Die Pflanze gehörte zu einer exotischen, nicht winterharten Art oder es handelt sich um eine einjährige Pflanze, die sich nicht aussäen konnte.
Maßnahme: Auf Exoten verzichten oder im frostfreien Raum überwintern. Einjährige erst im Frühjahr zurückschneiden, damit sie sich im Spätsommer oder Herbst auch aussäen. Oft werden Samen tragende Pflanzenteile einfach abgeschnitten.

Problem: Im Herbst, oft schon Mitte Oktober, fangen viele Pflanzen an gelb zu werden, andere stagnieren im Wuchs oder kümmern beziehungsweise ziehen ein.
Ursache: Umstellung und Vorbereitung der Pflanzen auf die Winterruhe.
Maßnahme: Siehe Seite 147 über die Vorbereitung des Teiches auf den Winter!

Problem: Verkrüppelte und faulende Blätter mit meist grauem Belag am Teichufer und in der Anschlusszone.
Ursache: Pilze und Mehltau treten häufig an geschwächten Pflanzen auf oder auf solchen, die am falschen Platz stehen.
Maßnahmen: Befallene Blätter entfernen. Pflanzen an den ihnen zusagenden Standort setzen.

▸ Fische

Problem: Die Fische fressen nicht.
Ursache: Die Wassertemperatur liegt unter 10 °C oder über 28 °C. Verdorbenes Futter (feucht geworden, schimmelig oder zu alt, vom vorigen Jahr). Sauerstoffmangel.
Maßnahme: Bei unter 10 °C Wassertemperatur im Herbst Fütterung einstellen. Bei zu hohen Temperaturen schattieren oder kühles Wasser zulaufen lassen. Bei Sauerstoffmangel belüften oder Oxydator ein-

setzen. Immer frisches, hochwertiges Teichfischfutter verwenden.

Problem: Im Frühjahr nach der Schneeschmelze verenden Fische, und es steigen bei genauerem Hinsehen Blasen aus dem Bodengrund auf.
Ursache: Sauerstoffmangel und Vergiftung durch Faulgase.
Maßnahme: Teilwasserwechsel, gut filtern beziehungsweise belüften und, so gut es geht, den Bodengrund entfernen.

Problem: Die meisten Fische schwimmen an der Wasseroberfläche und „japsen" nach Luft. Dabei kann der Kopf sogar aus dem Wasser ragen.
Ursache: Akuter Sauerstoffmangel oder ungünstige pH-Werte
Maßnahme: Ursache ermitteln; Wasser testen und sofort reagieren. Ein Teilwasserwechsel kann schon eine Verbesserung bringen. Bei Sauerstoffmangel auch die Wassertemperatur überprüfen und gegebenenfalls einen Oxydator einsetzen.

Kulturfolger: Graureiher

***Blässhuhn mit** Nachwuchs*

Tiere

Problem: Tiere, besonders Frösche, Kröten und Molche, wandern wieder ab.
Ursache: Zu viele Störungen, zu wenig Versteckplätze, zu viel oder zu wenig Schatten, keine Überwinterungsmöglichkeiten , tierfeindliche Anschlussbepflanzung (kahle Flächen), zu wenig Nahrung (zu viele Fische, Massenbefall von Gelbrandkäferlarven), zu saures oder alkalisches Wasser.
Maßnahme: Ursache genau ermitteln. Einen tiergerechten Lebensraum durch möglichst vernetzte Wasserstellen schaffen. Wasser überprüfen und richtig reagieren, Zusatznahrung bieten (aus dem Zoofachgeschäft).

Problem: Bei großen Teichen ist auch mit dem Zufliegen von Wassergeflügel (Wildenten, Blässhühnern) vor allem von Februar bis Mai zu rechnen. Da Wassergeflügel die Wasser- und anderen Teichpflanzen zum Fressen gern hat, kann es zu beachtlichen Schädigungen der Teichflora kommen. An Teichen mit gutem Zierfischbesatz können sich auch Graureiher einstellen.
Maßnahme: Sämtliche einheimische Vögel sind streng geschützt, sie dürfen weder eingefangen noch vom Teichbesitzer bejagt werden. Will man solche Tiere von seinem Teich fernhalten, helfen aufgespannte Netze. Oder man spannt über der Wasseroberfläche kreuz und quer eine Angelsehne; das verhindert das Landen und Starten auf der Wasseroberfläche. Einige bunte Folienstreifen, die an einem Stock im Wind flattern, können ebenfalls helfen. Ist der Teich groß genug, kann ein Enten- oder Blässhuhnpärchen aber auch durchaus eine Bereicherung darstellen.
Man kann einen Teich natürlich auch für Wassergeflügel anlegen. Solch ein Teich sollte aber mindestens 100 m^2 oder mehr an Fläche haben. Es versteht sich von selbst, dass sich die Bepflanzung dann auf robuste Pflanzenarten beschränken muss (Schilf, Rohrkolben, Binsen, Kalmus und große Seerosen).

Pflanzenporträts

Seerosen

Insgesamt gibt es etwa 40 bis 50 Wildarten der Seerose, von denen die meisten tropische Gewässer besiedeln. Diese tropischen, meist sehr bunten Arten, werden mit denen unserer Breiten gekreuzt und die Nachkommen dann selektiert, sodass bei den angebotenen Sorten die Farbe tropischer Seerosen und die Winterhärte zum Beispiel europäischer Arten dominieren. So gibt es mittlerweile eine Vielzahl begeisternd schöner Seerosen, die zum Teil auch noch sehr gut duften.
Es gibt sie nahezu in allen Größen, Farben und Blütenformen (darunter auch gefüllte) und Blütengrößen. Die Hauptblütezeit erstreckt sich von Juni bis September.

Wichtig!

Seerosen vertragen weder starke Strömung noch eine Dauerbenetzung ihrer Blätter. Bei Spritzwasser leiden aber nicht nur die Blätter, sondern es bleiben auch die Blüten geschlossen. Deshalb entfernt von Springbrunnen, Wasserspielen oder Wasserfällen pflanzen! Wassertropfen wirken bei Sonne wie ein Brennglas. Die Blätter weisen dann deutlichen Sonnenbrand auf.

Weiße Seerose

Gelbe Teichrose

Seerosen richtig pflegen

Seerosen gedeihen am problemlosesten in Tiefen von 50 bis 80 cm. Ausnahmen sind die Zwergseerosen, die am liebsten zwischen 20 und 40 cm tief stehen, und die großen Arten, die nach der heimischen Seerose (*Nymphaea alba*) geraten. Beim Kauf sollten Sie daher unbedingt auf die empfohlene Wassertiefe achten.
Um sie möglichst ungestört wachsen zu lassen und weil manche Arten stark wuchern, setzt man sie am besten in ausreichend große Pflanzkörbe. Empfehlung: Pro 10 cm Rhizomlänge braucht man 20 cm Korbdurchmesser und -höhe. Solche großzügig bemessenen Körbe lassen sich dann immer noch von der Stelle bewegen, um sie höher oder tiefer zu platzieren, nachzudüngen oder um die Pflanze

***Seerose* 'Marliacea Rosea'** *(Nymphaea tuberosa x odorata)*

zu teilen. Es hat sich bewährt, die Körbe beim Ersteinsatz oder im Frühjahr etwas höher zu stellen, um die Blühfreudigkeit anzuregen. Reagieren sie mit reichlichem Blattwuchs oder Blütenansatz, dann werden sie Stufe für Stufe abgesenkt.

Seerosen sind ausgesprochene Sonnenkinder. Sie brauchen, um gut zu gedeihen und zu blühen, etwa 5 bis 6 Stunden Sonne am Tag und lieben warmes Wasser (26 °C sind ideal).

Empfindliche Arten (Zwergseerosen und solche mit viel Gelb) stellt man im Winter möglichst tief. Im Frühjahr nicht vergessen, sie wieder nach oben zu holen!

▸ Seerosen teilen

Muss man Seerosen teilen oder hat man eine mit weichem, matschigem Rhizom erstanden, verfährt man wie folgt: Faule, schwarze und übel riechende Teile werden mit einer scharfen Hippe oder einem scharfen Messer rigoros abgeschnitten. Dies gilt auch für alte oder beschädigte Blätter.

Dann wird die Schnittstelle großzügig mit feiner Holzkohle bestäubt und das Rhizom in einer Schüssel oder einem Eimer so beschwert, dass alles Grüne und Saftige unter Wasser liegt und nur noch die bestäubte Stelle zum Antrocknen aus dem Wasser ragt.

Nach einer Stunde wird das Rhizom flach in das Substrat gesetzt, sodass lediglich der Austrieb frei von Abdeckmaterial bleibt. Um ein Aufschwimmen zu verhindern, kann man das Rhizom mit einer genügend langen Schnur am Korbboden festbinden.

Teilt man Seerosen beziehungsweise pflanzt sie rechtzeitig um, so werden die Körbe nicht zu schwer und lassen sich immer gut bewegen.

Nymphaea odorata *'Exquisit'*

Arten	Blütenfarbe	Blütezeit	Wassertiefe	Größe	Duft
Gelbe Teichrose (Nuphar lutea)	gelb	VI–VIII	bis 2 m	groß bis sehr groß	stark duftend
Kleine Teichrose (N. pumilum)	gelb	VII–VII	25 bis 80 cm	klein	schwach duftend
Weiße Seerose (Nymphaea alba)	weiß	VI–VIII	80 cm bis 2 m	groß bis sehr groß	ja
Kleine Seerose, (N. candida)	weiß	VI–VIII	30 bis 60 cm	klein bis mittel	ja
N. odorata var. minor	weiß	VI–IX	20 bis 50 cm	klein	ja
Nymphaea tetragona	weiß	VI–X	15 bis 30 cm	klein	schwach
Nymphaea tuberosa	weiß	VI–IX	ab 80 cm	groß	geruchlos bis schwach
Sorten					
'Amabilis'	pfirsichfarben	VI–IX	80 bis 100 cm	groß	gering
'Anna Epple'	hellrosa	VI–IX	40 bis 60 cm	mittelgroß	schwach
'Arethusa'	rosa bis rot geflammt	VI–VIII	40 bis 60 cm	mittelgroß	schwach süßlich
'Attraction'	karminrot	VI–IX	80 cm	groß	intensiv
'Aurora'	hellgelb bis karmin-rosa	VI–VIII	20 bis 40 cm	klein	kaum
'Bateau'	rot	VI–VIII	30 bis 50 cm	klein	schwach
'Charles de Meurville'	purpurrot, außen heller	VI–IX	40 bis 80 cm	mittel	angenehm
'Chrysantha'	gelblich bis kupferfarben	VI–VIII	ab 30 cm	klein	schwach
'Colossea'	fleischrosa bis weiß	VI–IX	80 bis 150 cm	groß	nach Anis
'Comanche'	ockergelb bis orange	VI–IX	40 bis 60 cm	klein	schwach
'Ellisiana'	granatrot	VI–IX	20 bis 40 cm	klein	schwach
'Escarboucle'	rubinrot	VI–X	70 bis 80 cm	groß	schwach
'Formosa'	rosa, nach dunkelnd	VI–IX	40 bis 50 cm	klein	leicht süßlich
'Froebeli'	karminrot	VI–VIII	50 bis 60 cm	mittelgroß	schwach
'Galatee'	weiß bis rosa	VI–IX	20 bis 40 cm	klein	schwach
'Gladstoniana'	weiß	VI–IX	60 bis 80 cm	sehr groß	ganz schwach
'Gloriosa'	rosa bis dunkelrot	VI–IX	50 bis 60 cm	mittelgroß	nach Äpfeln
'Helen Fowler'	pfirsichfarben mit weiß	VII–IX	50 cm	mittelgroß	stark
'Hermine'	weiß	V–X	80 cm	groß	schwach
'Indiana'	dunkelgelb bis orangerot	VII–IX	20 bis 40 cm	klein	schwach
'James Brydon'	kirschrot	VI–IX	50 bis 70 cm	groß	schwach
'Marliacea chromatella'	satt gelb	VI–IX	60 cm	groß	schwach
'Marliacea moorei'	hellgelb	VI–IX	60 cm	groß	schwach
'Marliacea Rosea'	weiß, Kelchblätter rosa	VI–IX	70 bis 90 cm	groß	nach Vanille
'Masaniello'	rosa	VI–IX	80 cm	groß	betörend
'Maurice Laydeker'	rot	VI–IX	50 bis 60 cm	mittelgroß	schwach
'Maxima'	weiß	VI–VIII	70 bis 90 cm	sehr groß	angenehm
'Meteor'	kirschrot	VI–VIII	80 bis 100 cm	sehr groß	schwach
'Norma Gedy'	lachsrosa	VI–VIII	80 bis 150 cm	groß	schwach
'Odalisque'	blassrosa	VI–IX	30 bis 50 cm	klein	stark
'Phoebus'	orange bis kupfer	VI–IX	40 bis 50 cm	mittelgroß	schwach
'Pygmaea rubra'	rosa bis dunkelrot	VI–VIII	20 bis 40 cm	klein	schwach
'Pygmaea helvola'	schwefelgelb	V–IX	20 bis 30 cm	klein	schwach
'Rene Gérard'	lachsrot	VI–IX	um 80 cm	groß	
'Richardsonii'	weiß	VII–VIII	60 cm	mittelgroß	süßlich
'Rose Arey'	lachsrosa	VI–VIII	40 bis 60 cm	groß	süßlich
'Rosea'	rosa	VI–VIII	60 bis 80 cm	groß	schwach
'Rosennymphe'	zartrosa	V–IX	70 bis 80 cm	groß	schwach
'Rubra'	rot	VI–VIII	20 bis 40 cm	klein	schwach
'Sioux'	kupferfarben/rot	VI–VIII	50 cm	mittelgroß	schwach
'Sulphurea'	schwefelgelb	VI–VIII	40 bis 100 cm	groß	stark
'Texas Dawn'	hellgelb	VI–IX	80 bis 90 cm	groß	schwach
'Virginalis'	weiß	VI–X	bis 80 cm	groß	ja
'Walter Pagels'	weiß	VI–IX	20 bis 40 cm	klein	schwach
'Madame Wilfon Gonnère'	rosa	VI–VIII	60 bis 80 cm	mittel	wenig

Schwimmpflanzen

Feenmoos
Azolla filiculoides

Merkmale
Feenmoos stammt aus Amerika und ist mittlerweile in warmgemäßigten bis subtropischen Regionen weltweit verbreitet. Bei uns kommt es in der Natur nur noch in wenigen warmen Lagen vor. Die auch als Algenmoos oder Algenfarn bezeichnete Pflanze hat eine algenfeindliche und wasserklärende Funktion. Bei zusagenden Bedingungen kann sie sich explosionsartig ausbreiten.

Standort
Optimale Bedingungen bietet ein windgeschützter, warmer, sonnig bis halbschattig gelegener Teich mit leicht saurem Wasser. 1 bis 2 Portionen reichen als Erstbesatz.

Pflege
Da das Feenmoos bei uns nicht überall winterhart ist, sollte man sicherheitshalber im Herbst eine Portion hereinholen und in einer wassergefüllten Schale auf der Fensterbank oder im warmen Wintergarten überwintern.

Arten
Das Feenmoos wird manchmal fälschlich als *Azolla caroliniana* angeboten.

Feenmoos

Gemeines Hornkraut

Gemeines Hornkraut
Ceratophyllum demersum

Merkmale
Diese stark Nährstoff zehrende Schwimmpflanze wird auch als Hornblatt bezeichnet. Sie bildet bis zu einem Meter lange, zerbrechliche Stängel, die frei im Wasser fluten. Die quirlig angeordneten Blätter bieten Lebensraum für viele Kleinlebewesen. Die unscheinbaren Blüten erscheinen im Juni bis August. Im Herbst bildet das Hornkraut Endknospen, die sich von der Pflanze lösen und den Winter über auf dem Teichgrund liegen. Im Frühjahr entwickeln sich daraus junge Pflänzchen.

Standort
Im warmen, basenreichen Wasser gedeiht das Hornkraut am besten und bildet bald dichte Bestände. Erstbesatz: 3 bis 5 Stängel.

Pflege
Bei viel Licht kann die zumeist grüne Pflanze auch rötlich gefärbt sein.

Froschbiss
Hydrocharis morsus-ranae

Merkmale
Die fast runden, an der Basis herzförmigen Schwimmblätter des Froschbisses ähneln Seerosenblättern, die weißen Blüten erscheinen von Mai bis August. Den ganzen Sommer über bildet die Pflanze 5 bis 30 cm lange Ausläufer mit neuen Rosetten; im Herbst werden dann an Ausläufern beziehungsweise im Zentrum der Pflanze gut 1 cm lange, zwiebelähnliche Winterknospen gebildet. Sie sinken auf den Teichgrund, überwintern dort, steigen im Frühjahr wieder auf und treiben neu aus.

Standort
Ideale Bedingungen sind in sonnig bis halbschattig gelegenen Teichen gegeben, die etwas Windschatten haben und kalkarm sind. Erstbesatz: 3 bis 5 Pflanzen.

Pflege
Ehe die Pflanze die ganze Teichoberfläche bedeckt, muss man auslichten.

Dreifurchige Wasserlinse
Lemna trisulca

Merkmale
Diese Wasserlinse hat 1 cm lange lanzettliche Sprosse, die zusammen hängend etwa 5 cm lang werden. Blütezeit ist im Mai/Juni. Im Gegensatz zu den anderen Arten wird sie kaum zur Plage, ist im Gegenteil algenwuchshemmend, wasserreinigend und ein guter Sauerstoffspender.

Standort
Ein sonnig gelegener Teich mit leicht saurem Wasser bietet ideale Bedingungen.

Pflege
Es ist keine besondere Pflege erforderlich, da die Art nicht wuchert.

Arten
Lemna minor, die Kleine Wasserlinse, ist weit verbreitet und wird oft mit anderen Pflanzen eingeschleppt. Ebenso wie die ähnliche Bucklige Wasserlinse (*Lemna gibba*) blüht sie im Mai bis Juni. Beide Wasserlinsen-Arten müssen durch Abfischen unter Kontrolle gehalten werden, damit die Unterwasserpflanzen noch genügend Licht bekommen. Mindestens 40 % der Teichoberfläche müssen immer frei bleiben! Zu diesem Zweck kann man einen Teil der Wasseroberfläche mit Deko-Material abtrennen.

Dreifurchige Wasserlinse

***Im Teich** unbeliebt: die Teichlinse*

Wasserlebermoos
Riccia fluitans

Merkmale
Das blassgrüne Moos ist auch bei uns heimisch, wird aber leider immer seltener. Die Pflänzchen werden bis zu 5 cm lang und bilden moosartige Polster. Sie sind auch für den Miniteich auf dem Balkon oder den Zimmerteich geeignet.

Standort
Wasserlebermoos ist frei schwimmend und gedeiht in jeder Wassertiefe. Sonnige Plätze werden bevorzugt.

Pflege
Für den Erstbesatz verwendet man 2 bis 3 Portionen.

Teichlinse
Spirodela polyrhiza

Merkmale
Diese Schwimmpflanze hat einen Durchmesser von 1 bis 2 cm. Sie wird oft unbemerkt eingeschleppt und kann sich stark vermehren. Die Blütezeit ist von Mai bis September.

Standort
Da die Teichlinse schwimmt, gedeiht sie in Teichen jeglicher Tiefe. Sonnige Lagen sagen ihr am meisten zu.

Pflege
Da die Pflanze stark wuchert, bedeckt sie in überdüngten Teichen

bald die gesamte Wasseroberfläche. Daher muss die Teichlinse unbedingt kurz gehalten werden.

Krebsschere

Krebsschere, Wasseraloe

Stratiotes aloides

Merkmale
Die Blätter der Krebsschere befinden sich teils über (emers), teils unter Wasser (submers). Sie bildet Blattrosetten mit einem Durchmesser von bis zu 30 cm, wobei die oberen Blätter saftig grün sind und die untergetauchten auch rotbraun sein können. Die Blattränder sind stachelig gesägt. Durch Ausläufer aus den Blattachseln vermehrt sich die Krebsschere rasch und erfüllt im Teich eine nützliche Funktion als Sauerstoffspender, wirkt klärend und Algenwuchs hemmend.

Standort
Bei Niedrigwasser kann die Krebsschere auch im Schlamm wurzeln.

Pflege
Keine besondere Pflege erforderlich. Erstbesatz: 2 bis 3 Pflanzen.

Wasserschlauch

Utricularia vulgaris

Merkmale
Der auch bei uns in der Natur vorkommende Wasserschlauch ist eine fleischfressende Pflanze: er fängt und verdaut mit seinen Fangblasen Insekten und andere Kleintiere. Die Sprossen des Wasserschlauchs fluten nahe der Wasseroberfläche und werden etwa 60 cm lang. Zur Blütezeit von Juni bis August ragen die Sprossen mit ihren goldgelben Blüten etwas aus dem Wasser heraus. Im Herbst bilden sich Winterknospen, mit denen die Pflanze überwintert; im Frühjahr treiben daraus neue Pflanzen aus.

Standort
Leicht saures Wasser sagt dem Wasserschlauch zu. Als Erstbesatz reichen 3 bis 5 Sprosse.

Pflege
Man muss den Wasserschlauch davor schützen, von anderen Pflanzen überwuchert zu werden.

Zwerglinse

Wolffia arrhiza

Merkmale
Wie der Name schon andeutet, ist dieses Schwimmpflänzchen ohne Wurzel nur 1 bis 1,5 mm groß. Die Zwerglinse wird zumeist zufällig in den Teich eingeschleppt, in der Natur ist sie dagegen sehr selten.

Standort
Die Zwerglinse liebt nährstoffreiches Wasser und einen besonnten Teich.

Pflege
Man sollte die Zwerglinse nicht zu sehr wuchern lassen, überzählige Pflanzen regelmäßig abkeschern.

***Wasserschlauch mit** gefüllten Fangblasen*

Unterwasserpflanzen

Sumpf-Wasserstern

Sumpf-Wasserstern

Callitriche palustris

Merkmale

Die 5 bis 35 cm langen Triebe des Sumpf-Wassersterns wurzeln im Bodengrund und treiben mit ihren zarten, schmalen Tauchblättern im Wasser. Beim Erreichen der Wasseroberfläche bilden sich Schwimmblätter in Rosettenform. Überwasser-Blätter (im Sumpf) sind derber und liegen am Stängel an. Von April bis September trägt die Pflanze in den Blattachseln winzige Blüten. Der Sumpf-Wasserstern ist ein guter Sauerstoffspender, der auch in heimischen Gewässern vorkommt und in Eurasien verbreitet ist.

Standort

Der Sumpf-Wasserstern braucht eher kalkarmes Wasser und einen sonnigen bis halbschattigen Standort. Auch tiefere Gewässer, leicht fließendes Wasser und niedrige Wassertemperaturen verträgt er gut.

Pflege

Als Erstbesatz werden 20 bis 30 Stängel verwendet. Es ist keine besondere Pflege erforderlich. Leider wird die Pflanze von Goldfischen sehr gerne gefressen.

Kanadische Wasserpest

Elodea canadensis

Merkmale

Wie der Name schon sagt, stammt die Wasserpest aus Kanada und ist bei uns eingebürgert. Die Pflanze ist sehr wüchsig; selbst abgerissene Sprossstücke wachsen weiter. Auf Grund dieser Eigenschaften ist die Wasserpest als Sauerstoffspender und Nährstoffzehrer im Teich sehr nützlich und hilft, Trübungen abzubauen.

Standort

Wegen ihrer Wuchsfreude sollte man die Wasserpest nur in Körbe pflanzen und diese gut im Auge behalten. Als Erstbesatz verwendet man 20 Stängel pro Korb.

Pflege

Die Karbonathärte sollte über 5°dKH liegen. Daher muss man bei Regenwasser, das sehr weich ist, entsprechend Leitungswasser zugeben.

Fieber-Quellmoos

Fontinalis antipyretica

Merkmale

Das in Nord- und Mitteleuropa heimische Quellmoos ist auch im Winter grün und macht sich dann als Sauerstoffspender im Teich nützlich. Im Sommer unterstützt es die

Wasserpest (oben) *und Flutender Hahnenfuß (unten)*

Wasserreinigung. Die moosähnliche Pflanze wächst gerne zwischen Holzstücken, Steinen oder Kokosmatten. Sie wird bis 30 cm hoch, die Triebe 30 bis 70 cm lang.

Standort
Fieber-Quellmoos gedeiht auch in geringer Wassertiefe, ebenso in kühlem oder strömendem Wasser (Bach). Sonnige bis schattige Standorte sind geeignet, wobei die Pflanzen bei voller Sonne allerdings veralgen können.

Pflege
Für den Erstbesatz im Teich verwendet man 5 Bund. Im Bach oder in tieferen Wasserfall-Schalen 20 Bund pro Meter.

Fieber-Quellmoos

Ähriges Tausendblatt
Myriophyllum spicatum

Merkmale
Das Ährige Tausendblatt ist unter den Tausendblatt-Arten am weitesten verbreitet – ein guter Sauerstoffspender, der wasserreinigend und Algenwuchs hemmend wirkt und daher in keinem Teich fehlen sollte. Auch über den Winter bleiben die Triebe erhalten. Die rosafarbenen Blütenähren, die von Juni bis August erscheinen, stehen über der Wasseroberfläche.

Standort
Sonnige Standorte mit einer Wassertiefe ab 30 cm bieten zusagende Bedingungen.

Pflege
Als Erstbesatz werden 20 Stück eingesetzt.

Arten
Das Quirlblütige Tausendblatt (*Myriophyllum verticillatum*) hat ähnliche positive Eigenschaften und Pflegeansprüche. Es überwintert mit Kurztrieben, die zu Boden sinken und im nächsten Frühjahr die neue Pflanze bilden.

Krauses Laichkraut
Potamogeton crispus

Merkmale
Diese willig wachsende, heimische Schwimmblattpflanze macht sich im Gartenteich auf vielfältige Weise nützlich: als Lebensraum für Wassertiere, Ablaichplatz und Deckung für Fischbrut. Die Schwimmblätter unterscheiden sich deutlich von den Unterwasserblättern; die unscheinbaren grünlichen Blüten erscheinen von Juni bis August.

Standort
Damit sich das Laichkraut nicht zu sehr ausbreitet, am besten in Pflanzkörbe an sonniger bis halbschattiger Stelle pflanzen. Als Erstbesatz werden 15 bis 20 Stängel pro Korb verwendet.

Pflege
Bei zu üppigem Wachstum kann man im Frühjahr die Rhizome teilen oder Teile davon entfernen.

Ähriges Tausendblatt

Schwimmblattpflanzen

Afrikanische Wasserähre
Aponogeton distachyos

Merkmale
Aus Südafrika stammt diese Pflanze mit ihren bezaubernden weißen Blüten, die nach Vanille duften und im Juni bis Oktober blühen. Auch die auffälligen Schwimmblätter sind attraktiv. Höhe: 20 bis 50 cm.
Standort
Die Pflanze wirk am besten als Solitär an einer gut einsehbaren Stelle. Man verwendet 2 bis 3 Knollen pro Pflanzkorb, den man in einer Tiefe von etwa 50 cm platziert.
Pflege
Die Afrikanische Wasserähre zieht im Herbst ein; die Knolle darf allerdings nicht erfrieren. Daher ist die Pflanze bei uns nicht überall winterhart. Vorbeugend senkt man den Pflanzkorb im Teich auf eine Tiefe von 80 cm oder überwintert die Knollen im Haus in einem frostfreien Raum in leicht feuchtem Substrat.

Afrikanische Wasserähre

Wasser-Knöterich
Polygonum amphibium

Merkmale
Dieser heimische Knöterich hat bis zu 1 m lange Stängel. Die hübschen, rosa bis roten Blütenähren stehen von Mai bis August über dem Wasser.
Standort
Die Rhizome werden in Körben in einem sonnigen oder halbschattigen Teichbereich platziert. Nicht zu nahe am Ufer, denn der Wasser-Knöterich würde auch ins dauerfeuchte Ufersubstrat hineinwachsen.
Pflege
Da der Wasser-Knöterich sehr wüchsig ist, muss man ihn gegebenenfalls kurz halten.

Schwimmendes Laichkraut
Potamogeton natans

Merkmale
Auch das Schwimmende Laichkraut stammt aus Eurasien. Seine grünlich-weißen bis rötlichen Blüten erscheinen im Juni bis September. Die Blattfarbe spielt vom Grünen bis ins Kupferfarbene, wobei die Schwimmblätter sich von den Unterwasserblättern unterscheiden. Das Blattwerk dient vielen Wassertieren als Ablaichplatz und bietet für Jungfische Nahrung und Deckung. Die willig wachsende Pflanze wird häufig angeboten.

Seekanne

Standort
Die Wassertiefe ist beliebig.
Pflege
Um einer zu starken Ausbreitung des Laichkrautes vorzubeugen, wird es in Pflanzkörben eingesetzt. Nötigenfalls werden im Frühjahr die Rhizome vermindert. Als Erstbesatz dienen 5 Stängel pro Korb.

Seekanne
Nymphoides peltata

Merkmale
Die heimische Wildpflanze erfreut durch ihre seerosenähnlichen Blätter und attraktive, goldgelbe Blüten, die im Juli bis September den Teich zieren. Sie wirkt in kleinen und großen Teichen gleichermaßen.
Standort
Am besten setzt man die Seekanne in einen Pflanzkorb, dann hat man die Ausbreitung jederzeit im Griff. Pro Korb werden 2 bis 3 Pflanzen verwendet. Kauft man im Frühjahr einwandfreie, unbeschädigte Pflanzen, kann man noch im selben Jahr mit Blüten rechnen.

Wasserhahnenfuß

Pflege
Im Herbst wird zu reichliches Wachstum gegebenenfalls durch Einkürzen der Ausläufer eingedämmt.

Wasserhahnenfuß
Ranunculus aquaticus

Merkmale
In gemäßigten Zonen ist der Wasserhahnenfuß weltweit verbreitet. Seine bis zu 2 m langen Stängel tragen fadenförmige Unterwasserblätter und rundlich gezähnte Schwimmblätter. Die weißen Blüten öffnen sich von Mai bis September. Bei hohem Wasserstand bleiben sie allerdings geschlossen und die Blüte ist dann selbstbestäubend (kleistogam).
Standort
Der Wasserhahnenfuß bevorzugt einen sonnig bis halbschattigen Standort. Da er bestens an einen wechselnden Wasserstand angepasst ist und sowohl in stehendem als auch fließendem Wasser gedeiht, wächst er auch in tieferen Kolken eines Wasserfalls oder im Bereich eines Pumpen- oder Bacheinlaufes.
Pflege
Für den Erstbesatz werden 5 Stängel pro Korb verwendet.
Arten
Ähnlich ist der Schild-Hahnenfuß (*Ranunculus peltata*). Er gedeiht auch in flacherem Wasser und wächst ebenfalls sonnig bis halbschattig.

Gemeine Wassernuss
Trapa natans

Merkmale
Die in Eurasien verbreitete Wassernuss ist auch bei uns heimisch, aber bedingt durch die zunehmende Wasserverschmutzung sehr selten geworden. Die Pflanze wird bis zu 1,2 m lang. Der im Bodengrund wurzelnde Stängel trägt rautenförmige Blätter, die zu einer Rosette angeordnet sind. Ihre Blattstiele sind zu Schwimmkörpern blasig aufgeblasen. Die unscheinbaren Blüten wachsen aus den Blattachseln und blühen im Juni/Juli. Die namensgebenden Nüsse sind die 2 bis 4 cm große Früchte, die 4 Dornen tragen.
Standort
Die Wassernuss ist Wärme liebend und braucht daher einen voll besonnten Standort, nährstoffreichen Boden sowie einen Wasserstand von 1 m. Das Wasser muss kalkarm sein (Regenwasser).
Pflege
Keine Nahrungskonkurrenten in die Nähe setzen! Als Erstbesatz verwendet man eine Nuss pro Korb. Nur einheimische Nachzuchten sind bei uns winterhart; Pflanzen, die in den Tropen ihren Ursprung haben, nicht!

Wassernuss

Sumpfpflanzen

Kalmus

Kalmus
Acorus calamus

Merkmale
Der gelb-grüne kolbenartige Blütenstand macht Kalmus von Mai bis Juli zu einem Blickfang. Kalmus ist im 16. Jahrhundert aus Indien eingeführt worden und inzwischen bei uns verwildert. Die Wuchsform ähnelt einer Schwertlilie, mit dreikantigen Stängeln und glänzenden, häufig gewellten Blättern. Höhe: 80 bis 120 cm.
Standort
Ein ständig feuchter und nährstoffreicher Boden bietet ideale Bedingungen. Als Erstbesatz werden 2 bis 3 Pflanzen pro Pflanzkorb verwendet.
Pflege
Die Pflanze kann wuchern; notfalls muss man sie eindämmen.
Sorten
Es gibt auch eine weiß gestreifte Form.

Gewöhnlicher Froschlöffel
Alisma plantago-aquatica

Merkmale
Der Froschlöffel ist eine über Eurasien verbreitete Wildpflanze, die bei uns in der Natur noch häufig anzutreffen ist. Sie wird 20 bis 90 cm hoch; die weißen bis rosa Blüten erscheinen im Juli bis August.
Standort
Als Solitär in den Sumpfbereich pflanzen.
Pflege
Da die Pflanze sich reichlich durch Samen vermehrt, muss man sie etwas im Auge behalten. Als Erstbesatz reicht ein Exemplar.
Arten
Der Grasblättrige Froschlöffel (*Alisma gramineum*), der Lanzettblättrige (*A. lanceolatum*) und *A. subcordatum* aus Nordamerika wachsen alle aus knollig verdickten Rhizomen.

Schwanenblume
Butomus umbellatus

Merkmale
Die großen, rötlich-weißen Dolden der Schwanenblumen, die von Juni bis August blühen, sind ein besonderer Schmuck in der Teichumgebung. Die Pflanze ist in Eurasien beheimatet und bietet eine gute Insektenweide. Der unscheinbare Wurzelstock kann pro Jahr mehrere Ableger ausbilden.
Standort
Wechselnden Wasserstand verträgt die Schwanenblume gut. Als Erstbesatz werden 1 bis 2 Pflanzen pro Korb verwendet.
Pflege
Die 60 bis 150 cm hohe Pflanze ist etwas windempfindlich, daher platziert man sie im Hintergrund oder an den Seiten des Teiches vor oder zwischen Schilf oder anderen hohen Pflanzen, die etwas Windschutz geben.

Schwanenblume

Sumpfkalla
Calla palustris

Merkmale
Die einheimische Sumpfkalla gehört zu den Aronstabgewächsen und wird volkstümlich auch Schlangenwurz oder Drachenwurz genannt. Durch die immer weiter fortschreitende Zerstörung der

Lebensräume ist sie in der Natur vom Aussterben bedroht. Attraktiv sind die herzförmigen Blätter, die weiße Blüte (Juni bis September) und die im Spätsommer erscheinenden roten Beeren. Höhe: 15 bis 30 cm.

Standort
Weiches, kalkarmes Wasser und ein Standort im Halb- bis Vollschatten sind zusagend. Da alle Pflanzenteile giftig sind, wird die Sumpfkalla so platziert, dass sie von Kindern und Haustieren nicht erreicht werden kann.

Pflege
Der empfindliche Wurzelstock wird mit einem Wollfaden vorsichtig am Boden des Korbes befestigt und dieser relativ flach eingesetzt. Als Erstbesatz verwendet man eine Pflanze pro Korb.

Sumpfdotterblume

Caltha palustris

Merkmale
Die dottergelb leuchtenden Blüten der heimischen Sumpfdotterblume sind ein attraktiver Frühlingsschmuck, da die Pflanze bereits ab April (bis Juni) blüht. Sie wirkt im Vordergrund der Anlage oder entlang eines Bachufers in Gruppen besonders gut. Höhe: 30 bis 40 cm.

Standort
In Hinblick auf Standort und Bodengrund sind die Sumpfdotterblumen anspruchslos. Sie sind recht anpassungsfähig und in der Natur bis auf Höhen von 1.500 m zu finden. Als Erstbesatz verwendet man 3 bis 5 Pflanzen.

Pflege
Zur Vermehrung kann der Wurzelstock nach der Blüte mit einem scharfen Messer geteilt werden.

Sorten
Großblumige und gefüllt Sorten werden angeboten; dazu eine weiße Wildform, die aus Kaschmir stammt.

Morgensternsegge

Carex grayi

Merkmale
Die morgensternartigen Früchte geben dieser attraktiven, aus Nordamerika stammenden Segge ihren Namen. Die bräunlich-grünen Blüten erscheinen im Juni/Juli. Mit einer Höhe von 30 bis 50 cm eignet sich die Morgensternsegge für die Randzonen und den Hintergrund der Teichanlage.

Standort
Die Morgensternsegge liebt einen vollsonnigen Standort und nährstoffreichen Bodengrund.

Pflege
Im Frühjahr kann man die Horste mit einem scharfen Messer teilen, wenn die Segge zu sehr gewuchert ist. Sie vermehrt sich auch durch Selbstaussaat.

Morgensternsegge

Zypersegge

Carex pseudocyperus

Merkmale
Diese Segge, auch Schein-Zypersegge genannt, wirkt am Teichrand am schönsten als Solitär. Sie wird bis zu 80 cm hoch. Die bräunlichen Blüten öffnen sich im Juni/Juli.

Standort
Ein feuchter bis nasser Standort, der sonnig bis halb schattig liegt, sagt der Zypersegge am meisten zu.

Pflege
Als Erstbesatz verwendet man eine Pflanze.

Sumpf-Kratzdistel

Cirsium palustre

Merkmale
Die mächtige Sumpf-Kratzdistel (90 cm bis 2 m) ist eine wertvolle Insektenweide. Ihre violettroten Korbblüten öffnen sich von Juli bis September. Die Pflanze ist zweijährig.

Standort
Ein sonniger bis halbschattiger Standort mit feuchtem, saurem Boden am Teichufer oder Bachrand ist ideal. Als Erstbesatz reicht ein Exemplar.

Pflege
Wie alle Disteln vermehrt sich auch diese stark durch Selbstaussaat, daher kurz halten.

Nadelsimse
Eleocharis acicularis

Merkmale
Die rasenbildende Nadelsimse ist eine ideale Pflanze für den flachen Vordergrundbereich. Sie wirkt algenhemmend, wird 10 bis 20 cm hoch und blüht im Juni/Juli mit kleinen Ähren.
Standort
Ein sonniger bis halbschattiger Platz mit einer Wassertiefe von bis zu 20 cm ist gut geeignet.
Pflege
Man setzt 2 bis 3 Pflanzen in einem kleinen Pflanzkorb ein.
Arten
Die Gewöhnliche Nadelsimse (*Eleocharis palustris*) stellt vergleichbare Ansprüche an Standort und Pflege. Sie wird mit 15 bis 50 cm etwas höher und ist ebenfalls rasenbildend und algenhemmend.

Kleines Mädesüß

Sumpfgladiole

Breitblättriges Wollgras
Eriophorum latifolium

Merkmale
Dieses in Europa beheimatete Wollgras bildet keine Ausläufer; es bildet Horste, wuchert nicht und ist daher für den Gartenteich zu empfehlen. Die silbrig-wolligen Blütenschöpfe sind von April bis Juni zu beobachten.
Standort
Ein sonniger bis halbschattiger Platz, Moorboden und ein Wasserstand von bis zu 10 cm sagen dem Wollgras zu.
Pflege
Pro Quadratmeter verwendet man 10 Pflanzen.

Kleines Mädesüß
Filipendula vulgaris

Merkmale
Das Kleine Mädesüß wird, im Gegensatz zum Echten Mädesüß, nur 60 cm hoch und ist daher für die Seitenbereiche von Teichrand und Bachufer geeignet. Im Juni/Juli erscheinen die weißen Blüten.
Standort
Ein feuchter bis trockener Boden und Sonne bis Halbschatten bieten zusagende Bedingungen.
Pflege
Als Erstbesatz werden 5 Pflanzen verwendet.

Bach-Nelkenwurz
Geum rivale

Merkmale
Dieses heimische Rosengewächs öffnet bereits im April (bis Juni) seine rötlich-braunen Blütenglocken, die eine gute Insektenweide sind und gern von Hummeln aufgesucht werden. Der bis zu 15 cm lang werdende Wurzelstock erinnert im Geruch an Gewürznelken. In der Volksmedizin gilt die Nelkenwurz als Heilpflanze. Höhe: 20 bis 60 cm.
Standort
Die Nelkenwurz stellt keine besonderen Ansprüche und wächst sowohl in der Sonne als auch im lichten Schatten.
Pflege
Als Erstbesatz verwendet man 2 bis 3 Wurzelstöcke.

Sumpfgladiole
Gladiolus palustris

Merkmale
Die Sumpfgladiole wird auch Sumpf-Siegwurz genannt, wegen der Zauberkraft, die der Knolle

zugesprochen wurde. Die Blüten sind nicht nur eine gute Insektenweide, sondern auch eine Augenweide. Ihre purpurroten Blüten leuchten im Juni und Juli. Im gemäßigten Europa ist die 30 bis 60 cm hoch werdende Pflanze zu Hause.

Standort

Wechselfeuchte, mild-humose Tonböden und volle Sonne sagen der Sumpfgladiole zu. Am besten wächst sie zwischen niedrigen Gräsern. Als Erstbesatz empfiehlt es sich, 3 bis 5 Knollen als Gruppe zu setzen.

Pflege

Die Knollen sollten unbeschädigt und frei von Schimmelpilzen sein. Über Samen kann man die Sumpfgladiole selbst vermehren.

Wasserschwaden

Glyceria maxima

Merkmale

Für die Seitenbepflanzung und den Teichhintergrund ist der 80 cm bis 1,5 m hohe Wasserschwaden gut geeignet. Seine grünlichen Rispen blühen im Juli/August.

Standort

Der Wasserschwaden bevorzugt einen sonnigen bis halbschattigen Standort. Der Wasserstand kann bis zu 20 cm betragen.

Pflege

Für den Erstbesatz verwendet man 5 Stück.

Sorten

'Variegata' ist eine sehr schöne, grün-weiß gestreifte Form.

Bachnelkenwurz

Gottes Gnadenkraut

Gratiola officinalis

Merkmale

Diese hübsche kleine Pflanze (15 bis 40 cm) ist für die Seitenbepflanzung des Teiches, das Bachufer oder eine feuchte Wiese geeignet. Im Juli/August blüht sie weiß bis leicht rötlich.

Standort

Ein feuchter bis nasser Standort und Sonne bis Halbschatten bilden zusagende Bedingungen.

Pflege

Als Erstbesatz verwendet man etwa 10 Stück.

Tannenwedel

Hippuris vulgaris

Merkmale

Der heimische Tannenwedel ist eine in vielfacher Hinsicht nützliche Pflanze: stark nährstoffzehrend, Sauerstoffspender im Winter und Versteck, Ablaichplatz und Nahrung für viele Tiere. Schlüpfende Libellen benutzen häufig einen Tannenwedel-Trieb als Ausstieg aus dem nassen Element. Der Wurzelstock wächst waagrecht im Schlamm und treibt zahllose Stängel, die teils unter, teils über Wasser wachsen. Sie ragen 20 bis 60 cm aus dem Wasser; die Unterwassertriebe können bis zu 2 m lang werden. Ihre Unterwasserblätter sind länger und weicher als diejenigen über Wasser.

Standort

Der Tannenwedel stellt keine besonderen Ansprüche an das Teichwasser. Er kommt an fast allen Standorten gut zurecht.

Pflege

Da der Tannenwedel sehr üppig wachsen kann, muss man ihn gegebenenfalls zurückschneiden oder setzt den Wurzelstock gleich in einen Pflanzkorb. Pro Korb verwendet man 5 Wedel.

Tannwedel

Eidechsenschwanz 'Chamäleon'

Ostasiatischer Eidechsenschwanz

Houttuynia cordata

Merkmale
Weiß-gelbe Blütenähren und attraktiv gefärbte Blätter machen den Reiz des Eidechsenschwanzes aus. Er wird 20 bis 60 cm hoch.
Standort
Im Bereich des Teichufers wirkt die Pflanze am besten. Als Erstbesatz setzt man 2 bis 3 Pflanzen in einem Pflanzkorb ein.
Pflege
Da dieser Eidechsenschwanz leider nicht winterhart ist, überwintert man ihn an einem frostfreien Platz, zum Beispiel im Wintergarten.

Wasserfeder

Hottonia palustris

Merkmale
Der Name der bis 25 cm hohen Wasserfeder rührt von den wunderschönen gefiederten Blättern her. Die zartrosa Blüten blühen von Mai bis Juli. Die Wasserfeder ist auch gut für Moorteiche geeignet.
Standort
Die Wasserfeder liebt kalkarmes

Wasserfeder

Wasser, das 10 bis 40 cm hoch steht. Der Platz kann sonnig oder auch schattig sein.
Pflege
Als Erstbesatz verwendet man 20 Stück.

Wassernabel

Hydrocotyle vulgaris

Merkmale
Die kleine Pflanze (bis 15 cm) macht sich gut im Vordergrund. Im Juli und August blüht sie weiß bis leicht rosa. Auch Regenschirmpflanze genannt, weil das Blatt wie ein Schirmchen auf dem Stiel sitzt.
Standort
Der Wassernabel braucht weiches, kalkarmes Wasser. Daher ist er für Moor- oder Weichwasserteiche geeignet. Die Wassertiefe sollte bis 20 cm betragen. Ein sonniger bis halbschattiger Standort ist zusagend.
Pflege
20 Pflanzen verwendet man für den Erstbesatz.

Sumpfjohanniskraut

Hypericum tetrapterum

Merkmale
Mit seinen goldgelben Blüten ist das Sumpfjohanniskraut eine attraktive Pflanze für die Seitenbepflanzung oder den Bachrand. Blütezeit ist von Juli bis August; die Pflanze wird bis zu 40 cm hoch.
Standort
An einem feuchten und sonnigen Standort fühlt sich das Sumpfjohanniskraut wohl.
Pflege
5 Pflanzen bilden den Erstbesatz.

Wassernabel

Gelbe Schwertlilie

Iris pseudacorus

Merkmale
Die Gelbe Schwertlilie stammt aus Eurasien und findet sich in vielen Gartenteichen. Die gelben Blüten bilden im Mai/Juni einen unübersehbaren Blickfang. Zudem wirkt die Pflanze durch ihren hohen Nährstoffbedarf wasserklärend.

Standort
In voller Sonne bis halbschattig gedeiht die Gelbe Schwertlilie im feuchten bis dauernassen Substrat (Wasserstand bis 20 cm). Als Erstbesatz verwendet man 2 bis 3 Pflanzen in Körben.

Pflege
Wenn der Tuff zu groß wird, kann man den kriechenden Wurzelstock im Frühjahr gut teilen.

Sorten
Iris pseudacorus 'Variegata' blüht weiß. Auch sie kann man im Frühjahr gut teilen.

Flatterbinse

Juncus effusus

Merkmale
Die Flatterbinse eignet sich mit ihrer Höhe von 1 m für die Seitenbepflanzung oder den Hintergrund des Teichs. Im Juli/August blüht sie mit bräunlichen Ähren.

Standort
Die Flatterbinse gedeiht an einem sonnigen bis halbschattigen Standort; der Wasserstand sollte bis 10 cm betragen. 1 bis 2 Pflanzen werden für den Erstbesatz verwendet.

Pflege
Da diese Binse wuchern kann, sollte man sie im Auge behalten und gegebenenfalls eindämmen.

Sorte
Juncus effusus 'Spiralis' hat charakteristische runde, korkenzieherartig gedrehte Blätter, die eher flach und nahezu kreisförmig auf dem Boden aufliegen. Sie wird 30 bis 50 cm hoch, blüht von Juni bis August mit braunen Ähren und ist für den Vordergrund des Teiches geeignet. Sie bevorzugt einen sonnigen Platz.

Zwergbinse

Zwergbinse

Juncus ensifolius

Merkmale
Wie der Name schon andeutet, bleibt die Zwergbinse klein (bis 30 cm). Sie ist starkwüchsig, bildet einen dichten Rasen und ist daher gut für den Vordergrund der Teichanlage geeignet. Die bräunlichen Blütenähren blühen im Juli/August.

Standort
Die Zwergbinse bevorzugt ebenfalls einen sonnigen bis halbschattigen Standort und eine Wassertiefe bis 10 cm.

Pflege
Für den Erstbesatz werden 2 bis 3 Pflanzen in einem Korb verwendet.

Blaubinse
Juncus inflexus

Merkmale
Die namengebende schöne blaugrüne Farbe tragen die Horste auch im Winter. Das attraktive Binse eignet sich für die Seiten- und Hintergrundbepflanzung des Teichs. Im Juli/August blüht sie mit bräunlichen Ähren.
Standort
Wie die anderen beiden Binsen braucht die Blaubinse Sonne bis Halbschatten und einen Wasserstand bis 10 cm.
Pflege
1 bis 2 Pflanzen bilden den Erstbesatz.

Ufer-Wolfstrapp
Lycopus europaeus

Merkmale
Der bis 1 m hohe Ufer-Wolfstrapp ist eine geeignete Bepflanzung für die Seiten des Teichs. Die weißen Blüten öffnen sich im Juli/August.
Standort
Ein sonniger bis halbschattiger Standort mit einem Wasserstand von bis zu 10 cm sagt dem Wolfstrapp zu. Die Pflanze ist auf für einen Graben oder Bachlauf geeignet und bildet eine gute Uferbepflanzung.
Pflege
5 Pflanzen bilden den Erstbesatz.

Scheinkalla

Scheinkalla
Lysichiton americanus

Merkmale
Die Scheinkalla ist eine Pflanze mit gewissem Platzbedarf. Im April/Mai erscheinen zunächst die leuchtend gelben, großen Blütenscheiden mit dem bis zu 30 cm langen Blütenkolben. Die bis zu 1 m langen und 30 cm breiten Blätter treiben erst danach aus. Dieses Aronstabgewächst stammt aus Nordamerika. Als Erstbesatz verwendet man 1 bis 2 Pflanzen in Körben.
Standort
Alle Scheinkalla-Arten bevorzugen einen nährstoffreichen und tiefgründigen Boden.
Pflege
In jedem Frühjahr düngt man die Scheinkalla, indem man Spezial-Düngetabletten in das Substrat steckt. Dann entfernt man auch alte, verwelkte Blätter. Da die Winterhärte der Scheinkalla etwas umstritten ist, deckt man sie in kälteren Gegenden vorsichtshalber mit einigen Fichtenzweigen ab.

Strauß-Goldfelberich

Arten
Die Weiße Scheinkalla (*Lysichiton camtschatcensis*) ist etwas kleiner.

Strauß-Goldfelberich
Lysimachia thyrsiflora

Merkmale
Der Strauß-Goldfelberich hat attraktive goldgelbe Blüten, die von Juni bis August blühen. Die Pflanze wird 10 cm hoch, verbreitet sich durch unterirdische Ausläufer und ist für den Seitenbereich des Teiches gut geeignet.
Standort
Ein sonniger bis halbschattiger Standort und ein Wasserstand von bis zu 10 cm sind ideal.
Pflege
Für den Erstbesatz werden 5 Pflanzen verwendet.

Kleefarn

Marsilea quadrifolia

Merkmale

Eine hübsche, 10 bis 15 cm hohe kriechende Pflanze für den Vordergrund des Teichs. Sie ähnelt mehr einem vierblättrigen Klee als einem Farn und hat mit echtem Klee noch etwas gemeinsam: in der Schlafstellung klappt sie die Fiederblattpaare in den Gelenken hoch. Der Kleefarn gilt in der Natur als ausgestorben; in speziellen Gärtnereien wird er kultiviert und erhalten. Er blüht im September/Oktober und bildet am Blattgrund Sporenkapseln.

Standort

Der Kleefarn kommt mit einem wechselnden Wasserstand gut zurecht, bevorzugt aber einen voll sonnigen Platz. Man verwendet 5 bis 10 Pflanzen pro Quadratmeter.

Pflege

Im Winter ist als Schutz eine Reisigabdeckung erforderlich.

Wasserminze

Mentha aquatica

Merkmale

Die bis 40 cm hohe einheimische Wasserminze ist eine hervorragende Insektenweide und duftet herrlich. Die hellvioletten Blütenköpfchen, die in mehreren Etagen übereinander stehen, blühen von Juni bis Oktober.

Standort

Die Wasserminze stellt keine speziellen Ansprüche an ihren Standort in Ufernähe und gedeiht sowohl in der Sonne als auch im Halbschatten.

Pflege

Alle Minzen können sich sehr schnell ausbreiten. Daher pflanzt man sie in feinmaschige Pflanzkörbe. Als Erstbesatz verwendet man 3 bis 5 Stängel pro Korb.

Wasserminze

Rundblättrige Minze

Mentha suaveolens

Merkmale

30 bis 60 cm wird diese schöne Minze hoch. Die hell-lila bis weißlichen Blüten öffnen sich von Juli bis September.

Standort

Diese Minze bevorzugt einen feuchten Standort und Sonne bis Halbschatten. Sie kann im Teich, Miniteich und am Bachlauf gepflanzt werden.

Pflege

Als Erstbesatz verwendet man 5 Stück.

Fieberklee

Menyanthes trifoliata

Merkmale

Eine ideale Pflanze für den Vordergrund des Teiches, die bei zusagenden Bedingungen über das kriechende Rhizom dichte Bestände bildet. Sie wird 15 bis 25 cm hoch und blüht im Mai/Juni. Die weißen Blüten sind manchmal rosa überhaucht. Der Fieberklee ist in der Natur fast verschwunden.

Standort

Fieberklee mag seichtes und kalkarmes Wasser und einen Standort in voller Sonne oder im Halbschatten.

Pflege

Als Erstbesatz verwendet man 2 bis 3 Pflanzen im Korb.

Fieberklee

Sumpf-Vergissmeinnicht

Myosotis palustris

Merkmale
Das heimische Sumpf-Vergissmeinnicht schmückt mit seinen attraktiven blauen Blüten von Mai bis September die Teichumgebung. Die Pflanze wird 30 bis 50 cm hoch und gedeiht problemlos. Als Erstbesatz werden 10 Stück eingesetzt.
Standort
Ein feuchter Boden oder bis 10 cm Wasserstand, weiches Wasser und ein sonniger bis halbschattiger Standort bieten zusagende Bedingungen.
Pflege
Das Sumpf-Vergissmeinnicht ist auch für den Miniteich auf dem Balkon geeignet.

Brunnenkresse

Nasturtium officinale

Merkmale
Die Brunnenkresse ist eine einheimische Pflanze; sie blüht im April/Mai mit weißen Blüten und wird 15 bis 50 cm hoch.

Sumpf-Vergissmeinnicht

Goldkeule

Standort
Die Brunnenkresse bevorzugt einen sonnigen bis halbschattigen Standort und einen Wasserstand von bis zu 10 cm. Sie liebt kühles, leicht strömendes Wasser und ist daher auch für den Bachlauf geeignet.
Pflege
Als Erstbesatz werden 5 Pflanzen verwendet.

Wasserfenchel

Oenanthe aquatica

Merkmale
Eine mächtige Pflanze, die 1 bis 1,5 m hoch wird und daher vor allem für den Hintergrund des Teiches und die Seiten zu empfehlen ist. Die weißen Blüten, die von Juni bis August blühen, bilden eine gute Insekten- und Bienenweide.
Standort
Wasserfenchel wird sonnig oder halbschattig gesetzt. Der Wasserstand kann bis zu 30 cm betragen.
Pflege
Als Erstbesatz werden 2 bis 3 Stück verwendet.

Goldkeule

Orontium aquaticum

Merkmale
Dieses interessante Aronstabgewächs aus Nordamerika wird wegen der Form des Blütenstands auch Goldähre oder Goldkolben genannt. Die Blüten erscheinen im Frühjahr (April bis Juni) oft noch vor den Blättern. Die Pflanze verbreitet sich über Samen und durch Ausläuferbildung.
Standort
Die Goldkeule liebt Wärme; sie braucht einen voll besonnten Standort in nährstoffreichem Substrat bei einem Wasserstand von 20 bis 30 cm. Als Erstbesatz verwendet man 3 bis 5 Pflanzen pro Korb.
Pflege
Da die Goldkeule nicht überall winterhart ist, empfiehlt es sich, sie in kühleren Gegenden mit einer Styro-

porhaube oder Tannenzweigen vor Frost zu schützen.

Schilfrohr

Phragmites australis

Merkmale

Das bis 3 m hohe heimische Schilfrohr ist eine Pflanze, die sich eher für große Teiche eignet, wo sie sich im Teichhintergund und als Windschutz gut macht. Sie wirkt wasserklärend und bietet Lebensraum für allerlei Tiere. Die attraktiven Blütenstände (Juli bis September) schmücken den Teich auch noch im Winter und können als Vasenschmuck dienen.

Standort

Schilfrohr stellt keine besonderen Bedingungen an seinen Standort; es wächst nahezu überall.

Pflege

Das Schilfrohr kann stark wuchern und mit seinen spitzen Wurzeln sogar dünne Teichfolien beschädigen. Daher darf man es nur in gut zugängliche Pflanzkörbe oder ähnliche Gefäße setzen.

Hechtkraut

Pontederia cordata

Merkmale

Das Hechtkraut stammt aus Nordamerika. Die Pflanze wird 50 bis 60 cm hoch und blüht von Juni bis August mit attraktiven, leuchtend blauen Blüten

Standort

Das Hechtkraut wächst problemlos. Wenn es sonnig und etwas geschützt steht, blüht es besonders lange.

Pflege

Leider ist das Hechtkraut nicht überall winterhart; daher sollte man es vorsorglich abdecken. Als Erstbesatz verwendet man 2 bis 3 Pflanzen im Korb.

Sumpf-Blutauge

Potentilla palustris

Merkmale

Die Pflanze wird auch Sumpf-Fingerkraut genannt. Sie ist eine gute Insektenweide, wird 20 bis 50 cm hoch und blüht von Juni bis August mit rotbraunen Blüten.

Standort

Das Sumpf-Blutauge bevorzugt einen sonnigen bis halbschattigen Standort und schwach saures Wasser, das bis zu 10 cm hoch steht.

Pflege

Es ist keine besondere Pflege erforderlich.

Hechtkraut

Sumpf-Blutauge

Flutender Hahnenfuß
Ranunculus fluitans

Merkmale
Bis zu 2 m lange Ranken bildet der Flutende Hahnenfuß. Von Juni bis August öffnen sich seine weißen Blüten.
Standort
Der Flutende Hahnenfuß liebt einen voll besonnten Standort und einen Wasserstand von 40 cm und mehr. Fließendes Wasser sagt ihm besonders zu, daher ist er auch für tiefere Stellen des Bachlaufes geeignet.
Pflege
Als Erstbesatz verwendet man 20 Stängel.

Zungenhahnenfuß
Ranunculus lingua

Merkmale
Der Zungenhahnenfuß ist eine stark wüchsige Pflanze für den Hintergrund, die 60 bis 120 cm hoch werden kann. Von Juni bis August blüht sie attraktiv gelb. Die Unterwasserblätter sind auch im Winter grün und sind dann wertvolle Sauerstoffspender.
Standort
Ein sonniger bis halbschattiger Standort und ein Wasserstand von bis zu 20 cm bietet ideale Bedingungen.
Pflege
Da die Pflanze wuchern kann, muss man sie gegebenenfalls kurz halten. Als Erstbesatz verwendet man 2 Pflanzen.

Zungenhahnenfuß

Gewöhnliches Pfeilkraut
Sagittaria sagittifolia

Merkmale
Das Pfeilkraut stammt aus Eurasien. Interessant sind seine vielgestaltigen Blätter: unter Wasser bandförmig, ovale Schwimmblätter und pfeilförmige Überwasser-Blätter. Die weißen Blüten mit dunklem Grund erscheinen von Mai bis Juli. Im Sommer bildet die Pflanze Ausläufer mit einer Knolle am Ende. Daraus treibt im Frühjahr eine neu Pflanze.

Gewöhnliches Pfeilkraut

Standort
Mit seiner Höhe von 60 bis 80 cm eignet sich das Pfeilkraut für den mittleren und Seitenbereich.
Pflege
Als Erstbesatz verwendet man 3 bis 4 Knollen pro Korb.
Arten
Eine ähnliche Art ist *Sagittaria latifolia* mit gelben Staubgefäßen.

Glänzender Eidechsenschwanz
Saururus cernuus

Merkmale
Das schöne herzförmige Laub und die im Juli/August blühenden weißen Blütenähren machen den Eidechsenschwanz zu einer Zierde im Gartenteich. Er vermehrt sich über ein kriechendes Rhizom; deshalb setzt man ihn am besten in einen Pflanzkorb.
Standort
Der Eidechsenschwanz wirkt am besten im Seitenbereich des Teich-

Glänzender Eidechsenschwanz

ufers. Als Erstbesatz verwendet man 1 bis 2 Pflanzen im Korb.

Pflege

Da die Pflanze nicht überall winterhart ist, zur Überwinterung den Korb auf mindestens 50 cm Teichtiefe absenken oder die Pflanze herausholen und frostfrei und feucht überwintern.

Sumpfblasenbinse

Scheuchzeria palustris

Merkmale

Die 10 bis 30 cm hohe Sumpfblasenbinse ist für den Vordergrund und den Bachrand geeignet. Ihre grünlichen Blüten öffnen sich von Mai bis Juli.

Standort

Die Sumpfblasenbinse bevorzugt einen sonnigen bis halbschattigen Standort und ein feuchtes Substrat, das bis zu 5 cm unter Wasser stehen kann.

Pflege

Als Erstbesatz verwendet man 5 Pflanzen.

Teichbinse, Seebinse

Schoenoplectus lacustris

Merkmale

Eine riesige Pflanze ist die Teich- oder Seebinse, die bis zu 250 cm hoch werden kann. Sie eignet sich für den Hintergrund großer Teiche und für das Klärbeet. Die grünen Ähren blühen im Juli/August.

Standort

Die Teichbinse liebt sonnige bis halbschattige Standorte mit einem Wasserstand, der sogar bis zu 80 cm betragen kann.

Pflege

Eine Pflanze reicht als Erstbesatz.

Zebrabinse

Graue Seebinse, Zebrabinse

Schoenoplectus tabernaemontani 'Zebrinus'

Merkmale

Mit 1,2 bis 1,5 m wird diese hübsch gestreifte Zuchtform nicht so hoch wie die Wildform. Auch diese Binse ist für den Hintergrund großer Teiche und das Klärbeet geeignet. Im Juni bis August blühen die graugrünen Ähren.

Standort

Der Wasserstand kann bis 30 cm betragen; der Standort sollte sonnig bis halbschattig sein.

Pflege

Als Erstbesatz verwendet man 1 bis 2 Pflanzen.

Einfacher Igelkolben

Einfacher Igelkolben
Sparganium emersum

Merkmale
30 bis 50 cm wird dieser Igelkolben hoch. Seine igelförmigen Fruchtkörper sitzen auf unverzweigten Stängeln. Für die Seitenbepflanzung des Teiches ist diese Art zu empfehlen. Sie blüht im Juni/Juli mit grünlichen Blüten.
Standort
Der Standort sollte sonnig bis halbschattig sein, wie bei allen Igelkolben. Diese Art braucht einen Wasserstand von bis zu 30 cm.
Pflege
2 bis 3 Pflanzen bilden den Erstbesatz.

Aufrechter Igelkolben
Sparganium erectum

Merkmale
Eine stark wüchsige Pflanze für die Seitenbepflanzung ist dieser Igelkolben, der sich durch Ausläufer ausbreitet. 50 bis 80 cm wird die Pflanze hoch. Die gelblich-grünweißen Blüten zieren den Igelkolben von Juni bis September. Der Name rührt von dem igelförmigen Fruchtstand her.
Standort
Der Igelkolben braucht einen sonnigen bis halbschattigen Standort und einen Wasserstand, der bis 30 cm betragen kann.
Pflege
Als Erstbesatz verwendet man 2 Pflanzen.

Zwerg-Igelkolben
Sparganium minimum

Merkmale
Der Zwerg-Igelkolben wird nur 30 bis 40 cm hoch, wächst meist im Wasser flutend und eignet sich für den Vordergrund. Die gelb-grünen Blüten erscheinen von Juni bis August.
Standort
Der Wasserstand kann 50 cm oder auch mehr betragen. Die Pflanze ist auch für den Moorteich geeignet. Sonne bis Halbschatten.
Pflege
Von dieser kleinen Pflanze verwendet man 5 Stück als Erstbesatz.

Beinwell
Symphytum officinale

Merkmale
Beinwell ist eine alte Heilpflanze, die sich für Teichrand, Bachlauf oder Miniteich eignet. Sie wird 30 bis 100 cm hoch und blüht lange: von Mai bis September mit rosalila, auch weißlichen Blüten.
Standort
Beinwell mag einen sonnigen bis halbschattigen Standort und eine feuchten Platz.
Pflege
Man verwendet eine Pflanze als Erstbesatz.

Schmalblättriger Rohrkolben
Typha angustifolia

Merkmale
Bei diesem aus Eurasien stammenden Rohrkolben sind sowohl die Blätter als auch die braunen Kolben schmal. Mit ihrer Höhe von 1 bis 2 m eignet sich die Pflanze für mittelgroße Teiche ab 7 bis 10 m^2. Sie wird im Hintergrund platziert, wirkt wasserklärend und bietet einen Nistplatz und Unterschlupf für viele Tiere.
Standort
Da alle Rohrkolben stark wuchern können, muss man sie in gut zugängliche Körbe pflanzen.
Pflege
Als Erstbesatz verwendet man 2 bis 3 Pflanzen pro Korb.

Schmalblättriger Rohrkolben

Breitblättriger Rohrkolben
Typha latifolia

Merkmale
Dieser Rohrkolben wird 2 bis 3 m hoch und eignet sich daher nur für größere Teiche ab 25 m².
Standort
Der Wasserstand kann bis zu 40 cm betragen.
Pflege
Unbedingt in Körbe setzen. Als Erstbesatz verwendet man 2 bis 3 Pflanzen im Korb.
Arten
Typha laxmanni hat etwas schmalere Blätter. Er wird 1,2 bis 1,5 m hoch.

Zwerg-Rohrkolben
Typha minima

Merkmale
In der Natur ist dieser zierliche Rohrkolben fast ausgestorben. Er ist auch für kleinere Teich oder den Seitenbereich größerer Anlagen geeignet.

Echter Baldrian

Bachbunge

Standort
Volle Sonne und ein nahrhaftes Substrat bieten ideale Bedingungen.
Pflege
Auch der Zwerg-Rohrkolben wird in gut erreichbare Körbe gesetzt. Für den Erstbesatz verwendet man 5 Pflanzen pro Korb. Anfangs kann er eine Stütze oder einen Windschutz gebrauchen.

Echter Baldrian
Valeriana officinalis

Merkmale
Der 30 bis 170 cm hohe Echte Baldrian ist eine alte Heilpflanze. Er eignet sich für den Hintergrund der Teichanlage und das Bachufer. Von Juli bis September blüht er weißrosa bis rosa.
Standort
Ein sonniger bis halbschattiger Standort und feuchter Bodengrund lassen diesen Baldrian gut gedeihen.
Pflege
3 Pflanzen bilden den Erstbesatz.

Bachbunge
Veronica beccabunga

Merkmale
Die himmelblauen Blüten dieser Pflanze bilden von Mai bis August einen attraktiven Blickfang. Die Bachbunge wird auch Quellen-Ehrenpreis genannt und ist eine alte Heilpflanze. Sie wird 5 bis 50 cm hoch und breitet sich mit ihrem kriechenden Wurzelstock rasch aus.
Standort
Ein sonniger bis halbschattiger Standort mit einem Wasserstand von bis zu 10 cm Tiefe bietet zusagende Bedingungen. Wächst auch gut am Rand von langsam fließenden Bächen.
Pflege
Die Pflanze kann sich schnell ausbreiten, was aber meist erwünscht ist. Als Erstbesatz verwendet man 5 Pflanzen.

Uferpflanzen

Hängesegge
Carex pendula

Merkmale
Diese schöne Segge mit den charakteristisch herabhängenden, grünlich-braunen Rispen ist auch in unserer Natur heimisch. Sie bildet Horste und blüht im Juni/Juli. Die Rispen sind aber auch im Winter noch ein attraktiver Schmuck.
Standort
Die Hängesegge stellt keine besonderen Ansprüche an den Standort und gedeiht auch im Halbschatten. Mit ihren 80 bis 100 cm Höhe eignet sie sich für den mittleren und hinteren Bereich des Teichufers.
Pflege
Keine besondere Pflege erforderlich. Für den Erstbesatz verwendet man 1 bis 2 Pflanzen.
Arten
Weitere Carex-Arten sowie Gräser der Gattung *Molina* sind ebenfalls eine Zierde für den Uferbereich.

Hängesegge

Bunter Schachtelhalm
Equisetum variegatum

Merkmale
Der Bunte Schachtelhalm ist mit bis zu 30 cm der kleinste Vertreter dieser uralten Pflanzengruppe und bei uns heimisch.
Standort
Der Bunte Schachtelhalm eignet sich für den Vordergrund des Teichs. Da er stark wuchern kann, muss er unbedingt in einen Pflanzkorb gesetzt werden.
Pflege
Rechtzeitig entfernen, was sich außerhalb des Pflanzgefäßes und durch Verbreitung der Sporen ausbreitet! 2 bis 3 Pflanzen pro Korb reichen für den Erstbesatz.
Arten
Equisetum hyemale und *Equisetum fluviatilis* eignen sich für sehr große Teiche. Da sie tief wurzeln und sich sehr stark ausbreiten, kann man sie nur in einem Pflanzgefäß einsetzen und muss darauf achten, dass sie daraus nicht entkommen können.

Scheidiges Wollgras
Eriophorum vaginatum

Merkmale
Die weißen Puschel des Wollgrases sind im April/Mai ein typischer Anblick in den noch erhaltenen Moorgebieten. Die Horste dieses Grases werden 15 bis 40 cm hoch.
Standort
Die Moorpflanze braucht auch im Garten Hochmoortorf als Pflanzsubstrat, um zu gedeihen. Am besten richtet man am Ufer des Teiches ein kleines Becken mit Torf und Regenwasser her. Kleine Seggen und Glockenheide bilden mit dem Wollgras ein attraktives Moorbeet.
Pflege
Zum Gießen unbedingt Regenwas-

Schachtelhalm

ser verwenden! 3 bis 5 Pflanzen bilden den Erstbesatz.

Arten

Zwei weitere Arten, *Eriophorum latifolium* und *Eriophorum angustifolium*, sind ebenfalls in Gärtnereien erhältlich. Sie stellen die gleichen Ansprüche wie das Scheidige Wollgras. Ersteres ist horstbildend, die zweite Art bildet Ausläufer, kann sich daher schnell ausbreiten und ist eher für größere Anlagen geeignet.

Wasserdost

Eupatorium cannabinum

Merkmale

Der Wasserdost ist in Europa und Asien verbreitet. Die hellen, purpurroten Blüten erscheinen von Juli bis September, leuchten weithin und werden gerne von Insekten besucht. Früher galt der Wasserdost, auch Kunigundenkraut genannt, als Heilpflanze. Die Form seiner Blätter trug ihm den Namen Wasserhanf ein.

Standort

An der Seite oder im Teichhintergrund kommt der Wasserdost mit seiner Höhe von 75 bis 150 cm im Tuff am besten zur Geltung.

Pflege

Ein sonniger Platz, nährstoffreicher und feuchter Boden bieten ideale Bedingungen. Als Erstbesatz empfehlen sich 5 Pflanzen.

Sorten

Es gibt mehrere Sorten, darunter auch solche mit tief purpurfarbenen und gefüllten Blüten.

Wasserdost

Sumpfwolfsmilch
Euphorbia palustris

Merkmale
Die heimische Sumpfwolfsmilch ist eine Zierde für jede Teichanlage – nicht nur durch die gelbgrünen, flach gewölbten Blütendolden im Mai und Juni, sondern auch die herbstliche Laubfärbung: dann leuchten Blätter und Stängel rötlich.

Standort
Die halbhohe Pflanze (80 bis 120 cm) eignet sich für die Seitenpartien und den Übergang zur Teichanschlusszone. Sie liebt tonigen Boden und einen sonnigen Standort. Im Halbschatten gedeiht sie auch, dann kann aber die Herbstfärbung etwas schlichter ausfallen.

Pflege
Da die Pflanze zum Wuchern neigt, muss sie nötigenfalls eingedämmt oder besser von vornherein in einem Pflanzgefäß untergebracht werden. Erstbesatz: 5 Pflanzen.

Sumpfwolfsmilch

Schachbrettblume, Kiebitzei
Fritillaria meleagris

Merkmale
Die Schachbrettblume mit ihrem charakteristischen Karomuster auf den Blüten hat der ganzen Pflanzengattung ihren deutschen Namen gegeben. Die zarten Blüten sind purpurbraun oder weiß und erscheinen im April bis Juni. Den Namen Kiebitzei verdankt die Pflanze sicher ihrer charakteristischen Blütenform. In der Natur stehen die Schachbrettblumen unter strengem Schutz; sie sind leider nur noch an wenigen Standorten zu finden.

Standort
Im feuchten Uferbereich oder an einer sickerfeuchten Überlaufstelle gedeiht dieser Pflanzenschatz. Die zarten, nur 15 bis 20 cm hohen Pflänzchen kommen an einer gut einsehbaren Stelle am besten zur Geltung.

Pflege
Für den Erstbesatz werden 10 bis 20 Zwiebelchen verwendet.

Arten und Sorten
Aus der Fülle der Fritillarien-Arten sind geeignet, wenn sie in Teichnähe trockener stehen: *Fritillaria michailowskyi*, die weiße *F. meleagris* 'Alba' sowie *F. uva-vulpis* und *F. persica* 'Adiyaman'. Außerdem die Kaiserkrone *F. imperialis* (empfehlenswert sind die Sorten 'Aurora', 'Lutea' und 'Prolifera'), die nicht nur attraktiv ist, sondern mit ihrem eigentümlichen Geruch auch Wühlmäuse fernhält.

Schachbrettblume

Sumpfstorchschnabel
Geranium palustre

Merkmale
Dieser attraktive Storchschnabel

Sumpfstorchschnabel

ist in Eurasien verbreitet. Die rotvioletten Blüten, die von Juni bis August erscheinen, sind eine ausgezeichnete Insektenweide. Seinen Namen verdankt der Sumpfstorchschnabel seiner lang gestielten Frucht, die an Kopf und Schnabel eines Storches erinnert.

Standort

Bedingt durch die Höhe von 20 bis 80 cm ist der Sumpfstorchschnabel für einen Pflanzplatz im mittleren Bereich der Teichumgebung geeignet. Die Blätter des Spreizklimmers stützen sich gerne an Schilfstängeln oder ähnlichem ab.

Pflege

Ein sonniger und feuchter Standort sagt der Pflanze am meisten zu. Für den Anfang genügt eine Pflanze; sie verbreitet sich durch Samen.

Arten

Der Blutrote Storchschnabel (*Geranium sanguineum*) braucht einen etwas trockeneren Standort als der Sumpfstorchschnabel.

Japanische Schwertlilie

Iris ensata (syn. kaempferi)

Merkmale

Diese uralte japanische Gartenpflanze entfaltet ihre blau-violetten Blüten von Mai bis Juli und wird 50 bis 80 cm hoch. Im Gegensatz zu vielen anderen Irisarten sind die Domblätter nur schmal, dafür die Hängeblätter umso größer.

Standort

Vom Frühjahr bis zum Herbst braucht die Japanische Schwertlilie einen wurzelnassen Standort, im Winter etwas trockener. Daher wird sie in den leicht feuchten Uferbereich gepflanzt, oder in ein Gefäß, das man etwas antrocknen lässt und nur leicht bodenfeucht hält.

Pflege

Sandiges Substrat zur Hälfte mit Weißtorf mischen und in jedem Frühjahr etwas Torf zugeben. Als Erstbesatz verwendet man 3 bis 5 Pflanzen.

Sorten

Es gibt viele Sorten in unterschiedlichsten Schattierungen (weiß, rosa, blau bis hin zu dunklem Violett).

Sumpfiris

Iris laevigata

Merkmale

Auch die Sumpfiris stammt aus Ostasien und erfreuen uns durch ihre Blütenpracht. Sie wird 60 bis 80 cm hoch und blüht etwas später als die anderen beiden Iris-Arten, nämlich von Juli bis August.

Standort

Die Sumpfiris ist flexibel: dauerfeuchte Ufer, sonnige Feuchtwiesen, wechselfeuchte Zonen an Bach- und Teichufern sagen ihr zu.

Pflege

Den Erstbesatz bilden 3 bis 5 Pflanzen. Im Frühjahr kann man die Wurzelstöcke (Rhizome) gut teilen.

Sorten

Auch von dieser attraktiven Iris gibt es neben der blauen Wildform eine ganze Reihe von Sorten in verschiedenen Blautönen, blau-weiß, reinweiß, rosa, purpurrot

Sumpfiris

Sibirische Schwertlilie
Iris sibirica

Merkmale
Die Sibirische Schwertlilie ist bei uns sehr selten geworden und steht daher unter Naturschutz. Die im Gartenfachhandel angebotenen Pflanzen stammen aber aus der Kultur. Von Mai bis Juni blüht diese Schwertlilie ausdauernd und reichlich mit attraktiven blauen Blüten. 40 bis 90 cm wird die Pflanze hoch.
Standort
Ein Standort in voller Sonne und mit gut feuchtem, frischem und nährstoffreichem Boden sagt der Sibirischen Schwertiris zu.
Pflege
Als Erstbesatz setzt man 5 Pflanzen als Tuff.
Arten
Iris sanguinea aus Ostasien und *Iris versicolor*, die aus den Nordamerika stammt, sind ähnlich zu kultivieren, sollten aber etwas trockener stehen.
Sorten
'Caesar', 'Dreaming Spires', 'Montain Lake' und viele weitere Farbschläge.

Sibirische Schwertlilie

Kardinalslobelie
Lobelia cardinalis

Merkmale
Die aus Nordamerika stammende Kardinalslobelie begeistert von Juli bis August mit ihren dunkelroten Blüten. 60 bis 120 cm wird die attraktive Pflanze hoch.
Standort
Ein dauerfeuchter, sonnig gelegener Standort bietet beste Voraussetzungen für die Blüte. Als Erstbesatz werden 5 Pflanzen in einen Korb gesetzt.
Pflege
Früher galt die Kardinalslobelie als nicht überall winterhart. Die Nachzuchten scheinen allerdings immer unempfindlicher zu werden. Sicherheitshalber sollte man die Pflanze vor den ersten Frösten mit etwas Laub und Fichtenzweigen abdecken. Man kann sie auch im Haus in einem Aquarium überwintern und nach den Eisheiligen wieder in den Teich setzen.

Gewöhnlicher Gilbweiderich
Lysimachia vulgaris

Merkmale
Der Gilbweiderich, auch Felberich genannt, stammt aus Eurasien und wird 50 bis 150 cm hoch. Die weithin leuchtenden gelben Blütenrispen blühen von Juni bis August und bilden eine wertvolle Insektenweide.
Standort
Der Standort für den Gilbweiderich sollte nährstoffreich und gut

Gewöhlicher Gilbweiderich

bodenfeucht sein, außerdem sonnig bis halbschattig. Im Hintergrund und an den Seiten des Teiches wirkt die Pflanze am besten. Für den Erstbesatz verwendet man 3 Pflanzen.
Pflege
Wenn sich die Pflanze bei zusagenden Bedingungen durch unterirdische Ausläufer zu sehr vermehrt, muss man diese entfernen.
Arten
Ebenfalls Ausläufer bildend ist der Strauß-Gilbweiderich (*Lysimachia thyrsiflora*).

Blutweiderich
Lythrum salicaria

Merkmale
Auch der Blutweiderich ist in Eurasien beheimatet. Mit seinen 80 bis 100 cm Höhe eignet er sich für die Seitenbereiche und den Teichhintergrund. Seine kräftig roten Blütenrispen kommen vor anderen,

Blutweiderich

dunkleren Pflanzen am besten zur Geltung. Von Juni bis September blüht die wüchsige Pflanze fast ununterbrochen und lockt Insekten an. Es gibt auch eine Weiß blühende Sorte.

Standort

Volle Sonne oder Halbschatten und nasser, nahrhafter Boden sind ideal für den Blutweiderich.

Pflege

Als Erstbesatz werden 2 bis 3 Pflanzen in einen Korb gesetzt. Im Frühjahr kann man die Horste teilen. Um eine Nachblüte anzuregen, kann man die Blütenstände zurückschneiden.

Sorten

Neben Nachzuchten der Wildart werden wüchsige Sorten wie 'Robert' und 'Feuerkerze' angeboten.

Blaues Pfeifengras, Moorhexe

Molina caerulea

Merkmale

Das Blaue Pfeifengras ist ein typisches Gras unserer Moore und in ganz Eurasien verbreitet. Von Juni bis August überragen die blaugrünen Blütenrispen den dichten Horst aus blaugrünen Halmen.

Standort

Die Moorhexe gedeiht am besten im seichten Wasser, das kalkarm sein sollte. Der Standort sollte sonnig oder halbschattig sein. Als Solitär wirkt die Pflanze am besten.

Pflege

Im Herbst sterben die Blätter ab; man schneidet sie vor dem Neuaustrieb im März ab.

Sorten

Es gibt mehrere Sorten, zum Beispiel 'Variegata' mit gelb bis weiß längsgestreiften Blättern.

Blaues Pfeifengras

Teppichprimel

Teppichprimel

Primula × pruhonica

Merkmale

Die attraktiv rot-violett blühende Teppichprimel stammt aus Georgien. Sie wächst kriechend, wird 5 bis 8 cm hoch und blüht von März bis Mai. Es handelt sich um eine Kreuzung aus *Primula juliae* und *P. vulgaris*.

Standort

Die Teppichprimel gedeiht am besten an einem halbschattigen Ufer in sandig-steinigem Substrat, das bodenfeucht und nährstoffreich sein sollte.

Pflege

Nach 3 bis 4 Jahren kann man die Teppichprimel teilen und umpflanzen.

Arten

Weiter sind folgende Arten für das Teichufer oder die Feuchtwiese geeignet: *Primula bullesiana, P. bulleyana, P. denticulata, P. elatior, P. farinosa, P. florindae, P. helodoxa, P. japonica, P. rosea, P. sikkimensis* und *P. veris*.

Bittersüßer Nachtschatten

Solanum dulcamara

Merkmale

Mit ihrer Höhe von bis zu 2 m wirkt die Pflanze im Teichhintergrund vor und zwischen Rohrkolben oder Schilf. Der Halbstrauch aus Eurasien – verwandt mit Tomate und Kartoffel – bildet im Juni bis August interessante violette Blüten und danach rote Beeren, die giftig sind. Daher sollte die Pflanze so zwischen dichter Vegetation platziert werden, dass sie von Kindern und Tieren (ausgenommen Vögel) nicht erreicht werden kann.

Standort

Im wechselfeuchten Ufersubstrat rankt der Bittersüße Nachtschatten gerne an benachbarten Pflanzen empor. Erstbesatz: 1 bis 2 Pflanzen.

Pflege

Im Frühjahr schneidet man gegebenenfalls die Pflanzenteile ab, die im Winter zurückgefroren sind.

Sumpffarn

Thelypteris palustris

Merkmale

Dieser heimische Farn, der in ganz Eurasien verbreitet ist, wird 60 bis 80 cm hoch. Von Juli bis September bildet er an den Blattunterseiten die typischen Farnsporen aus, was gut zu beobachten ist.

Standort

Der Sumpffarn braucht einen Platz, der Halbschatten oder lichten Schatten hat. Wasser und Substrat sollen eher kalkarm sein.

Pflege

Da der Sumpffarn sich bei zusagenden Bedingung rasch mit unterirdischen Ausläufern ausbreiten und zur dominierenden Pflanze werden kann, empfiehlt es sich, ihn – wie alle Farne – in einen Pflanzkorb zu setzen. Erstbesatz: 1 bis 2 Farne pro Korb.

Sumpffarn

Teichanschlusspflanzen

Japanischer Fächerahorn
Acer palmatum 'Atropurpureum'

Merkmale
Nicht nur im Japangarten ist dieser Ahorn mit den leuchtend roten, tief geschlitzten Blättern ein attraktiver Blickfang. Die Art wächst wild in China, Japan und Korea und wird, je nach Standort, 2 bis 4 m hoch. Im Mai/Juni blüht sie mit kleinen rötlichen Dolden. Besonders attraktiv ist die goldene oder rote Herbstfärbung des Laubs.

Standort
Der Boden sollte frisch und kalkarm sein (Substrat wie für Rhododendron) und durch Quarzkies aufgelockert werden. Zudem sollte der Standort eine hohe Luftfeuchtigkeit aufweisen; daher in Teich- oder Bachnähe pflanzen.

Pflege
Wenn gewünscht, kann der Fächerahorn im Februar oder März in Form geschnitten werden.

Sorten
Weitere schöne Sorten sind *A. palmatium* 'Dissectum', *A. palmatum* 'Osakuzi' und *A. palmatum* 'Senkaki'.

Frauenmantel
Alchemilla mollis

Merkmale
Das ganze Jahr hindurch schmücken die charakteristischen großen Blätter des Frauenmantels den Garten. Von Juni bis August kommen außerdem die attraktiven, großen gelben Blütenstände hinzu. Die Art gilt als Heilpflanze, stammt aus Südost-Europa und wird 20 bis 70 cm hoch.

Standort
Der Frauenmantel ist anspruchslos: Ein Platz in Wassernähe, mit normalem Gartenboden und bei jedem Licht ist zusagend.

Pflege
Im zeitigen Frühjahr (vor dem Neuaustrieb) schneidet man unansehnlich gewordene Blätter und vertrocknete Blütenstände ab.

Frauenmantel

Waldgeißbart
Aruncus dioicus

Merkmale
Die heimische Wildpflanze ist von der Ebene bis hinauf auf 1.500 m zu finden. Sie wird bis zu 1,5 m hoch. Es gibt weibliche Pflanzen mit reinweißen Blüten und männliche mit elfenbeinfarbigen Blüten. Blütezeit ist von April bis Juli

Standort
Der Waldgeißbart gedeiht auch an einem schattigen Standort und kann vor einem dunklen Hintergrund, eventuell sogar nordseitig gepflanzt werden. Frisches Lauberdesubstrat und die Kühle des Wassers sagen ihm zu.

Pflege
Keine besondere Pflege erforderlich. Die lange haltbaren, 40 bis 50 cm langen Blütenstände werden gerne in Blumensträußen verwendet.

Astilbe, Prachtspiere
Astilbe japonica

Merkmale
Die bei uns winterharten Astilben stammen ursprünglich aus Japan. Ihre Beliebtheit verdanken sie den attraktiven Blüten in Weiß, Rosa oder Rot, die von Juni bis September den Garten zieren. Je nach Sorte werden sie 10 bis 120 cm hoch.
Standort
Ein halbschattiger Standort in kühlfeuchter Umgebung ist optimal. In Wassernähe können die Pflanzen auch in der Sonne stehen. Je nach Höhe werden sie seitlich des Teiches oder im Hintergrund platziert.
Pflege
Da die Prachtspieren sehr wuchsfreudig sind, kann man die Stöcke teilen und so vermehren.
Sorten
Es gibt eine Fülle von Sorten mit unterschiedlichen Blütenfarben und Wuchshöhen.

Bergenie
Bergenia cordifolia

Merkmale
Bergenien stammen aus Asien: dem Altai, aus der Mongolei und Sibirien. Im Garten sind diese Steinbrechgewächse beliebte Insektenweiden; ihre violett-rosa Blütentrauben erscheinen schon recht früh im März bis Mai; im Sommer gibt es oft eine Nachblüte. Die großen, herzförmigen Blätter nehmen im Herbst eine schöne Färbung an, die auch den Winter über erhalten bleibt. Höhe: bis 35 cm.

Standort
Ein Platz mit lichtem Schatten bis hin zu voller Sonne ist geeignet. Der Bodengrund sollte etwas feucht und nährstoffreich sein.
Pflege
Keine besondere Pflege erforderlich. Gelegentlich schneidet man unansehnlich und dunkel gewordene Blätter ab.
Sorten
Attraktive Sorten sind 'Admiral', 'Silberlicht', 'Morgenröte' und 'Abendglocken'.

Seidelbast
Daphne mezereum

Merkmale
Der attraktive heimische Seidelbast hat einen betörenden Duft. Die Blütezeit ist sehr früh, von Februar bis April. Die karminrosa Blüten öffnen sich, noch ehe die Pflanze alle Blätter ausgebildet hat. Bereits im Mai bilden sich die erbsengroßen, roten Beerenfrüchte, die wie die ganze Pflanze stark giftig sind.
Standort
Ein schattiger oder halbschattiger Platz und genügend Feuchtigkeit sagen dem Seidelbast zu. Ein humoser Boden mit Kalkgestein ist ideal für die tief wurzelnde Pflanze.
Pflege
Am besten wird der giftige Seidelbast so platziert, dass er für Tier und Mensch nicht leicht erreichbar ist.
Sorten
Die weiß blühende Sorte *Daphne mezereum* 'Alba' ist sehr schön, aber ebenfalls giftig.

Prachtspiere

Seidelbast

Echtes Mädesüß
Filipendula ulmaria

Merkmale
Das Mädesüß ist eine ausgezeichnete Insektenweide, auf deren nach Honig duftenden Blüten es von Insekten nur so wimmelt. Die gelblich-weißen Trugdolden blühen von Juni bis August. Die Pflanze wird 50 bis 150 cm hoch und bildet Horste. Heimat ist Eurasien.
Standort
Ein sonniger oder halbschattiger Standort ist gleich gut geeignet, solange das Substrat genügend feucht bleibt.
Pflege
Da der Wurzelstock kriecht, setzt man das Mädesüß am besten in Pflanzkörbe, um eine zu starke Ausbreitung zu verhindern.
Arten und Sorten
Empfehlenswert sind außerdem die Arten und Sorten *Filipendula rubra* 'Venusta', *F. hexapetala* 'Plena', *F. ulmaria* 'Plena' (gefüllt) und *F. purpurea* 'Elegans'.

Hosta, Funkie
Hosta spp.

Merkmale
Hostas, früher Funkien genannt, sind attraktive Stauden für schattige Plätze. Die Vielzahl der Arten und Sorten bietet ein breites Spektrum an Größe, Blütenfarbe (weiß, blasslila bis hin zu violettblau), Blattfarbe und -zeichnung. Hostas werden bis zu 60 cm hoch, die Blütezeit ist im Juli/August. Im Winter ziehen die Pflanzen ein und treiben erst im Mai wieder aus.
Standort
Der Standort sollte halbschattig bis schattig sein (volle Sonne wird vertragen, wenn das Substrat dauerfeucht ist), der Boden nährstoff- und humusreich und feucht.
Pflege
Hostas sind bei Schnecken sehr beliebt, daher unbedingt Abwehrmaßnahmen ergreifen!
Arten und Sorten
Klein bleibende Sorten, die sich für die Teichumgebung eignen sind: *H. venusta, H. minor,* '*Nana*' und *H. yakushima.* Mittelhoch werden: '*Halycon*', '*Haydon Sunset*', *H. fortunei* 'Aureomarginata', *H. fortunei* 'Hyacianthina', *H.* 'Aoki', *H. lancifolia.* Groß werden: *H. sieboldiana* 'Elegans', *H. undulata* 'Univittata', *H. crispula, H. ventricosa, H. fortunei* und *H. montana.*

Funkie

Kaukasus-Zwiebeliris
Iris reticulata

Merkmale
Diese Zwiebeliris stammt aus Kleinasien, dem Iran und dem Kaukasus. Besonders durch die frühe Blütezeit (Februar bis April) und die wunderschön gefärbten blauen Blüte ist sie für den Garten attraktiv.
Standort
Ein trockener und sonniger Standort ist ideal, zum Beispiel in einem Steingarten oder Steppenareal, das an den Teich anschließt.
Pflege
Die nur 15 bis 20 cm hohe Iris wird am besten in Tuffs im Vordergrund der Teichumgebung platziert, um voll zur Geltung zu kommen.

Kaukasus-Zwiebeliris

Amerikanische Sumpfiris

Iris versicolor

Merkmale
Die aparte Sumpfiris mit blauvioletten Blüten mit hübscher Schlundzeichnung stammt aus Nordamerika. Sie ist bei uns, ebenso wie ihre rotblütige Zuchtform 'Karmesina' winterhart.

Standort
Eine Feuchtwiese im Teichanschlussbereich ist ideal. Der Boden sollte humos und nährstoffreich sein, der Platz sonnig.

Pflege
Bei zusagenden Bedingungen bildet die Sumpfiris kräftige Horste, die man gut mit einem scharfen Messer teilen kann (die Schnittstelle mit etwas Holzkohle bestäuben!).

Arten
Weitere Arten für mäßig bis stark feuchte Uferbereiche: *Iris bulleyana, I. chrysographes, I. clarkei, I. delavayi, I. forrestii, I. sanguinea, I. setosa, I. wilsonii* sowie deren Hybriden.

Kreuzkraut

Ligularia przewalskii

Merkmale
Das aus Nordchina stammende Kreuzkraut ist mit seinen 1,2 m Höhe ideal für die Seiten- oder Hintergrundbepflanzung und macht sich auch als Solitärstaude gut. Die gelben Blüten erscheinen im August/September.

Standort
Ein sonniger oder halbschattiger, eher kühler Platz mit nährstoffreichem Substrat bietet ideale Bedingungen.

Pflege
Im Frühjahr kann man zu groß gewordene Horste mit einem scharfen Messer teilen und wieder auspflanzen.

Arten
Ligularia stenocephala wird 1,3 m hoch, hat nierenförmige Blätter und blüht ebenfalls gelb.

Lupine

Lupinus × hybridus

Merkmale
Lupinen sind Schmetterlingsblütler und stammen aus Nordamerika, sind aber auch bei uns in der freien Natur anzutreffen. Mit ihren Knöllchenbakterien an den Wurzeln nehmen Sie Stickstoff aus der Luft auf und werden daher in der Landwirtschaft zur Bodenverbesserung eingesetzt. Im Garten interessiert uns mehr der attraktive Blütenschmuck der langen, aufrechten Blütentrauben, die im Juli/August erscheinen. Am schönsten wirken die bis zu 80 cm hohen Stauden in Tuffs, zum Beispiel hinter anderen, niedrigeren Stauden.

Kuckuckslichtnelke

Standort
Der Standort sollte voll sonnig sein und einen humosen, nährstoffreichen Boden aufweisen.

Pflege
Nach der Blüte werden die Blütenstände abgeschnitten, um eine Zweitblüte zu erreichen. Es lohnt sich, die reichlichen Samen zu sammeln und zur Vermehrung zu nutzen.

Sorten
Es gibt unzählige Sorten in vielen Farben. Stellvertretend seien genannt: 'Kastellan' mit blauen Blüten und 'Kronleuchter' mit gelben.

Kuckuckslichtnelke

Lychnis flos-cuculi

Merkmale
Die heimische Wildpflanze, ein Nelkengewächs, erfreut uns von Mai bis August mit ihren rosaroten Blüten.

Standort
Der ideale Standort ist eine Feuchtwiese, die auch von überlaufendem Teichwasser gespeist werden kann. Der Boden sollte nährstoffreich sein.

Pflege
Bei der Erstbepflanzung sollte man nicht einzelne Pflanzen, sondern ganze Gruppen einsetzen. Die Lichtnelke samt sich gut aus und wird in wenigen Jahren eine prächtige Wiese bilden.

Goldfelberich

Lysimachia punctata

Merkmale

Der Goldfelberich, eine einheimische Wildpflanze, bring mit seinen sonnengelben Blüten ein warmes Leuchten in den Garten. Die bis zu 80 cm hohen Stauden sind von Juni bis August mit zahllosen Blüten übersät, die in den Blattachseln der Stängel stehen. Am besten wirken sie als Tuff.

Standort

Der Standort sollte sonnig oder halbschattig sein und einen frischen, feuchten und nährstoffreichen Boden aufweisen.

Pflege

Da der Goldfelberich bei zusagenden Bedingungen sehr wüchsig ist und sich mit unterirdischen Ausläufern ausbreitet, empfiehlt es sich, den Standort mit einer Wurzelsperre einzugrenzen oder einen Pflanzkorb zu verwenden.

Arten

Feuchter lieben es *Lysimachia vulgaris* und das Kriechende Pfennigkraut (*Lysimachia nummularia*). Es hat ebenfalls attraktive gelbe Blüten, wächst am Boden mit langen, flächendeckenden Trieben und gedeiht in Ufernähe.

Gauklerblume

Goldfelberich

Gauklerblume

Mimulus cupreus

Merkmale

Die aus Chile stammenden Pflanzenschönheiten erfreuen uns durch ihre exotischen, trompetenartigen großen Blüten, die sich von Juli bis September öffnen. Die Pflanze wird 30 cm hoch und wird gern von Hummeln besucht.

Standort

Gauklerblumen gedeihen im stark durchnässten Boden, zum Beispiel einer Feuchtwiese, die in der Sonne oder im Halbschatten liegt.

Pflege

Da die Gauklerblumen nicht in jeder Region sicher winterhart sind, nimmt man sicherheitshalber Samen ab und sät sie auf Anzuchtsubstrat in einem so genannten Anzuchtkasten aus. Meist erhalten sie sich auch durch eine Selbstaussaat im Gartenbeet.

Arten und Sorten

Die gelb blühende *Mimulus luteus* ist als einzige bei uns winterhart. *M. cardinalis* blüht rot und wird etwa 40 cm hoch, *M. × tigrinus* 'Grandiflorus' hat gelb-rot gefleckte Blüten.

Indianernessel
Monarda × hybrida

Merkmale
Die Indianernessel stammt, wie der Name bereits vermuten lässt, aus Nordamerika. Die ganze Pflanze duftet aromatisch und die Blätter sind eine hervorragende Insektenweide, die vor allem von Schmetterlingen gerne besucht wird. Die Pflanze wird 1 m hoch; Blütezeit ist von Juli bis September. Indianernesseln eignen sich auch als Schnittblumen.

Standort
Ein sonniger oder halbschattiger Standort mit humosem Boden bietet zusagende Bedingungen.

Pflege
Indianernesseln werden leicht von Mehltau befallen. Sie sollten regelmäßig gegossen werden.

Sorten
Attraktive Sorten sind 'Cambridge Scarlet', 'Prärienacht' sowie die neue gefüllte Sorte 'Schleipfer'.

Indianernessel

Knöterich

Knöterich
Polygonum affine 'Superbum'

Merkmale
Dieser 20 cm hohe Knöterich stammt aus Nepal; die besondere Zierde der Sorte 'Superbum' sind nicht nur die rosarot-weißen Blüten, sondern auch die bronzene Herbstfärbung der spatelförmigen Blätter. Blütezeit ist im August/September.

Standort
Der Knöterich braucht einen halbschattigen Standort mit feuchtem, humosem Substrat.

Pflege
Man setzt den Knöterich am besten zu mehreren in Gruppen, dann wirken die attraktiven, überreich blühenden Blütenkolben am besten.

Arten und Sorten
Auch *Polygonum affine* 'Donald Lowndes' (mit kriechendem Wurzelstock) und der heimische Wiesenknöterich (*Polygonum bistorta*) sind attraktive Gartenstauden.

Große Schlüsselblume
Primula elatior

Merkmale
Schlüsselblumen sind typische Frühlingsboten in der heimischen Natur. Bereits im März/April erfreuen sie uns mit ihren nickenden, hellgelben Blütenköpfchen. Sie locken Hummeln und Bienen an, von denen sie bestäubt werden. Höhe: 10 bis 20 cm.

Standort
Die Schlüsselblumen brauchen einen dauerhaft sickerfeuchten Boden, wenn sie in voller Sonne stehen. Ansonsten bevorzugen sie lichten Schatten und einen nährstoff- und basenreichen Boden.

Pflege
In Gruppen wirken die Schlüsselblumen am schönsten – daher immer zu mehreren pflanzen, zum Beispiel in eine Wiese.
Sorten
Wie bei der Großen Schlüsselblume liegt auch bei *P.* × *polyantha* 'Vierländer Gold' das Optimum der Entwicklung im zweiten bis dritten Jahr nach der Pflanzung.

Schaublatt
Rodgersia podophylla

Merkmale
Die aus Japan und Korea stammenden Rodgersien sind keine Pflanzen für kleine Gärten. Mit ihrer Größe von 1 bis 1,6 m und der interessanten Blattform setzen sie unübersehbare, exotisch anmutende Akzente. Die eher unscheinbaren, cremeweißen Blüten erscheinen im Juli/August.
Standort
Das Schaublatt mag einen halbschattigen Platz und nahrhaften Boden.

Schaublatt

Pflege
Am besten als Solitär pflanzen. Es wirkt toll als Teichhintergrund.

Sonnenhut
Rudbeckia fulgida var. *sullivantii* 'Goldsturm'

Merkmale
Der Sonnenhut ist eine hervorragende Insektenweide, die stets von Schmetterlingen und anderen Insekten besucht wird. Die attraktiven goldgelben Blüten schmücken den Garten vom Juli an bis in den Oktober hinein. Höhe: bis 70 cm.
Standort
Rudbeckien mögen voll sonnige Standorte in Wassernähe, dazu einen frischen und nährstoffreichen Boden.
Pflege
Am schönsten wirken die Pflanzen als Tuff. Dann stützen sie sich auch gegenseitig und brauchen keine extra Stütze. Durch Selbstaussaat bleiben die attraktiven Korbblütler im Garten erhalten.
Arten
Ähnliche Ansprüche haben *Rudbeckia deami, R. speciosa, R. purpurea, R. nitida* und *R. laciniata*.

Lavendel-Weide
Salix elaeagnos var. *lavendulifolia*

Merkmale
Die Lavendel-Weide trägt ihren Namen wegen der langen, schmalen Blätter und des angenehmen Dufts. Sie stammt aus den Cevennen und Pyrenäen und kann 2 bis 4 m hoch werden und hat einen strauchigen bis kugeligen Wuchs mit krummem Stamm. Blütezeit ist im April/Mai.
Standort
Jeder Standort ist den Weiden recht, wenn er nur feucht ist.
Pflege
Alle Weiden werden am besten auf der windabgewandten Teichseite in einigem Abstand platziert, damit die Pollen im Führjahr und der Laubfall im Herbst das Wasser nicht belasten.
Arten
Die heimische Kopfweide (*Salix viminalis*) ist ebenfalls für den Garten geeignet. Durch regelmäßigen Schnitt wird sie nicht nur niedrig gehalten, sondern bildet den typischen Kopf aus. Es entstehen bizarre Formen mit Löchern und Verstecken, die von Vögeln und anderen Tieren genutzt werden. Im Frühjahr bieten die Weidenkätzchen die erste Nahrung für die Bienen.

Sonnenhut

Sumpf-Ziest
Stachys palustris

Merkmale
Der heimische Sumpf-Ziest ist mit seinen rosa-roten Lippenblüten und einer Höhe von 30 bis 60 cm eine Zierde für jede Teichumgebung. Eine gute Insektenweide, die insbesondere von Hummeln gerne aufgesucht wird. Blütezeit ist von Juni bis September.

Standort
Ein bodenfeuchter und halbschattiger Standort ist ideal, zum Beispiel vor Mauern oder am Gehölzrand.

Pflege
Da der Sumpf-Ziest sich mit seinen knollig verdickten Ausläufern unterirdisch kriechend sehr verbreiten kann, dämmt man ihn nötigenfalls ein.

Arten
Stachys grandiflora 'Superba' stammt aus dem Kaukasus und Iran. Er braucht Halbschatten und einen durchlässigen, trockenen bis mäßig feuchten Boden.

Sumpf-Ziest

Trollblume
Trollius europaeus

Merkmale
Die heimische Trollblume ist ein typischer Vertreter unserer Feuchtwiesen, der im Gebirge bis zu einer Höhe von 2.000 m vorkommt. Besonders attraktiv sind die kugeligen, dottergelben Blüten, die im Mai/Juni erscheinen. Am schönsten wirkt die Trollblume in größerer Stückzahl im Tuff.

Standort
Am besten wächst die Trollblume in Wassernähe, wo die Kühle des Wassers für das richtige Mikroklima sorgt. Der Standort sollte sonnig sein und frisches, humushaltiges Substrat aufweisen (zum Beispiel in Naturwiesen).

Pflege
Der Standort darf nie ganz austrocknen!

Arten
Trollius pumilus var. *junnanensis* bleibt klein; *T. chinensis* 'Golden Queen' aus China blüht etwas später (Juni/Juli).

Sorten
T. × cultorum 'Goldquelle', 'Orange Globe' und 'Hohes Licht' sind empfehlenswerte Gartensorten.

Trollblume

Arbeitskalender

Januar

- Schnee über Grünpflanzen regelmäßig vom Eis abfegen.
- Oxydator überprüfen; wenn der Behälter aufschwimmt, Wasserstoffperoxyd (H_2O_2) auffüllen und wieder an der tiefsten Stelle absenken.
- Für eine offene, katzensichere Stelle als Vogeltränke sorgen.

Februar

- Wasserwerte überprüfen (Seite 50). das Wasser muss vor allem noch eine genügend hohe Karbonathärte (KH, Säurebindungskapazität) aufweisen. Durch starken Regen oder Schnee sinkt der Mineraliengehalt des Wassers. Zersetzungsprozesse im Wasser (Falllaub) unter dem Eis haben Humin- und Gerbsäure (auch Fulvosäuren) und Kohlendioxid freigesetzt, die den pH-Wert bis hin zu lebensfeindlichen Werten absinken lassen können, wenn zu wenig Karbonathärte als Puffer vorhanden ist. Bei einem Mangel einen KH-Stabilisator aus dem Fachhandel zugeben.
- Wasserstand auf normale Höhe bringen. Wenn nötig und möglich, Frischwasser langsam zulaufen lassen, damit kein Bodenschlamm aufgewirbelt wird.

Frühling am *Teich*

- Sollten Tiere einen strengen Winter nicht überlebt haben, muss man sie sofort aus dem Teich entfernen und begraben.
- Eisschollen mit eingefrorenen Blättern und dergleichen werden ebenfalls herausgefischt.
- Ufer nach Leckstellen absuchen.
- Bereits während der Schneeschmelze die Wasserqualität überprüfen und optimieren.
- Schäumt das Wasser bei Wasserbewegung, liegt ein Eiweißüberschuss vor, der sich mit einem Wasserwechsel (etwa ein Drittel) beheben lässt.
- Bei kritischen Wasserwerten kann als Sofortmaßnahme ein Wasseraustausch (ein Fünftel bis ein Viertel) helfen. Die gleichzeitige Zugabe geeigneter Aufbereitungsmittel aus dem Fachhandel kann schnell zum Erfolg führen.
- Bachlauf und Wasserfall nach Tauwetter säubern.

März

- Bei der natürlichen, jedes Frühjahr wiederkehrenden Umschichtung des Wassers sinkt das wärmere Oberflächenwasser ab und das kältere Wasser steigt aus der Tiefe nach oben. Dies kann zu starken Wasserveränderungen (Eintrübungen), führen die sich kaum beeinflussen lassen und nach einigen Tagen von selbst wieder verschwinden.
- Zu- und Ausgang für Amphibien sicherstellen.
- Erwärmen sich flache Uferbereiche durch intensive Sonneneinstrahlung (Kunststoffabdichtungen heizen sich schnell auf), kann es passieren, dass sich die Fische dort sonnen und als wechselwarme Tiere buchstäblich einfrieren und sterben, wenn die Nacht starken Spätfrost bringt. Sofort einen oder mehrere zusätzliche Eisfreihalter einbringen!
- Pumpen und Filter reinigen, überholen und wieder aktivieren.
- Bach und Wasserspiel installieren.
- Seit Herbst stehen gebliebene trockene Pflanzenteile abschneiden, wenn die Pflanze wieder ausgetrieben hat. Das Schnittgut vor dem Kompostieren für 2 bis 3 Wochen in Teichnähe ablagern. So können darin überwinternde Insekten entkommen.

***Pumpen werden** im Frühjahr überprüft und gereinigt.*

- Sind die wichtigsten Sanierungsarbeiten mit der nötigen Sorgfalt abgeschlossen, kommt die Teichumgebung dran. Wichtig ist, dass die Tiere, die sich im Teich vermehren, nicht gestört werden und das biologische Gleichgewicht des Gewässers gesichert und erhalten bleibt.
- Übermäßiger Polleneintrag kann zu Algenteppichen führen. Sofort mit einem Teichkescher (Planktonnetz) abfischen.

April

- Überschüssige Pflanzen auslichten.
- Dürre Rohrkolben und Schilf sowie andere Stängel aus dem Vorjahr dicht über dem Austrieb abschneiden und entsorgen.
- Anfang April Seerosen (mit Korb) höher stellen.
- Seerosen jetzt mit Düngekugeln düngen, um reichen Blütenflor zu erhalten.
- Algen abfischen und auf einem Stück Folie in unmittelbarer Teichnähe für 3 bis 4 Tage ablagern, damit Kleinlebewesen sich wieder ins Wasser flüchten können.
- Wege zum Teich und um den Teich herum auf Frostschäden überprüfen.
- Fische erst dann aus dem Winterquartier holen, wenn die Wassertemperatur wieder über 15 °C gestiegen ist.

Mai

- Pflanzen, wenn nötig, umgruppieren und neue Pflanzen einsetzen.
- Ab einer Wassertemperatur von 10 bis 15 °C im Teich überwinterte Fische wieder füttern; aber nur, wenn das Futter auch aufgenommen wird.
- Die Fische beobachten und dabei auf ihren Gesundheitszustand und eventuellen Parasitenbefall achten. (Vor der Schneeschmelze sind sie besonders anfällig).
- Ende Mai Seerosen auf normale Tiefe bringen.
- Erst jetzt neue Fische zukaufen.

***Blühende Oase** im Frühsommer*

***Im Sommer** kann es bei hohen Temperaturen und Überdüngung zu Algenwachstum kommen.*

Juni

- Bei Hitzewellen und bei Wassertemperaturen über 25 °C den Sauerstoffgehalt überwachen. Wenn nötig, langsam kaltes Wasser zulaufen lassen.
- Verdunstetes Wasser sofort wieder auffüllen. Das Wasser am besten über ein Sieb oder die Gießkannenbrause zulaufen lassen.
- Algen, Wasserlinsen, Blüten und Blätter regelmäßig abfischen.
- Bei großer Trockenheit sollten auch die Ufer und die unmittelbare Teichumgebung regelmäßig gewässert werden.
- Bei grünem Wasser (Wasserblüte durch Schwebe-Algen) einen UV-Klärer einsetzen.

Juli

- Algen regelmäßig entfernen. Schleimige Algenteppiche mit einem feinen Netz, Fadenalgen wie Spaghetti auf einen Besen oder eine Bürste wickeln und auf dem Kompost entsorgen.
- Filter und Filtermaterialien säubern.
- Sauerstoffwert des Teichwassers während eventueller Hitzeperioden überwachen (um nötigenfalls kaltes Wasser zulaufen zu lassen).
- Keimlinge von Weiden, Birken, Ahorn und anderen unerwünschten Pflanzen (auch Weidenröschen können sich schnell vermehren) kann man nun gut erkennen und sie genau wie Löwenzahn, Quecke und diverse Wildkräuter am falschen Standort entfernen. Sie fühlen sich in Teichnähe wohl und müssen regelmäßig entfernt werden.

August

- Zu viel Schlamm am Teichgrund bis in den September hinein abpumpen und als Dünger unter Rhododendren oder Sträucher geben. Nicht zu viel auf einmal entfernen und niemals total reinigen!

***Abgestorbene Blätter** regelmäßig entfernen.*

- Verlandungen im Uferbereich vorbeugen.
- Eingewehtes und abgestorbene Seerosenblätter und -blüten abfischen.

September

- Samen im Teichbereich ernten.
- Wucherndes auslichten.
- Regelmäßig Verblühtes entfernen. Abgestorbene Blätter, vor allen die der Seerosen, im und am Teich abschneiden und entfernen.
- Üppig gewachsene Pflanzen umgruppieren oder entfernen.
- Ist der Teich stark verschlammt (die Schlammschicht auf dem Teichgrund über 15 cm stark), so sollte die Saugpumpe nochmals in Aktion treten. Bitte vorsichtig zu Werke gehen, damit überwinternde Tiere nicht zu Schaden kommen (grobes Netz vor das Saugrohr spannen). Dabei das abgesaugte Material vor der Entsorgung für 2 bis 3 Tage in Teichnähe lagern.
- Jetzt werden auch die für die Überwinterung vorgesehenen Tonröhren oder Dachreiter auf den Grund des Gewässers abgesenkt.
- Noch bevor sich das Leben zur Winterruhe begibt, sollte auch die Tiefenzone entkrautet werden. Das Zuviel kommt auf den Kompost, nachdem es für 1 bis 2 Tage am Teichrand gelagert war.
- Empfindliche Seerosen (gelb blühende, kupferfarbige und Zwergseerosen) bis April in mehr als 50 cm tiefe Zonen stellen.

Oktober

- Alle Wasserleitungen und Schläuche vor den ersten Frösten leer laufen lassen.
- Anfang Oktober Fische aus dem Miniteich ins Winterquartier (Aquarium) nach drinnen bringen. Dies gilt auch für exotische Schwimmpflanzen. Drinnen kommen sie in flache Schalen aufs sonnige Fensterbrett.
- Bei Wassertemperaturen unter 15 °C Fische und Seerosen in frostfreies Winterquartier (Aquarium) bringen (besonders aus flachen Teichen unter 50 cm Wassertiefe).

***Ein Laubschutznetz** verhindert, dass Blätter im Herbst in den Teich fallen.*

- Wasserqualität überprüfen. Wenn nötig, vorsichtshalber einen pH-Stabilisator zugeben.
- Laubschutznetz anbringen. Sonst muss täglich alles eingewehte Laub abgefischt werden.
- Abgestorbene Pflanzenteile entfernen. Röhricht wie Schilfhalme und Rohrkolben sowie andere Pflanzenstängel, die kräftig oder innen hohl sind, stehen lassen. Sie sehen bei Raureif nicht nur attraktiv aus, sondern halten an der Wasseroberfläche den Teich etwas offen.
- Nicht winterharte und exotische Pflanzen frostfrei überwintern.
- Überzählige Fische herausfangen.
- Je nach Witterung im Oktober bis November Bachlauf und Wasserhahn abstellen; vorher leer laufen lassen.
- Pumpe und Filter sowie Filtermaterial gründlich reinigen.
- Den Auslauf eines Durchlüfters, der eine kleine Stelle eisfrei hält, oder die Filterpumpe nie auf dem Teichgrund, sondern 20 bis 30 cm darüber anbringen, um eine Verwirbelung des Wasser in der Tiefe, das im Winter +4 °C aufweist, zu verhindern.
- Teichpumpen und Filter über den Winter weiterlaufen lassen. Die Aggregate dürfen nicht einfrieren.

November

- Nochmals die Wasserqualität überprüfen.
- Zustand der Ufer und des Dichtmaterials kontrollieren.
- Wasserabfluss am Ufer durch abgestorbene Pflanzen (Kapillarwirkung) verhindern.
- Eisfreihalter und Oxydator einbringen.
- Überwintern Fische im Teich, das Wasser nicht völlig zufrieren lassen. Teilbereich eventuell mit Styroporhaube versehen (keine Strohballen verwenden, weil die Biomasse fault und eventuell enthaltene wasserlösliche Giftstoffe aus der Landwirtschaft freigibt).
- Nicht vergessen: Die Regenwasserbehälter leeren, weil sie sonst einfrieren und platzen können.
- Bei starkem Dauerfrost kann man einen flachen Teich oder ein im Hochbau errichtetes Filter-/Klärbecken mit einem Lattenverschlag abdecken, der mit einer möglichst dicken Noppenfolie bespannt wurde.
- Für Vögel ist Wasser noch wichtiger als eine Winterfütterung. Während der Frostperiode daher regelmäßig für Trinkwasser sorgen.
- Reicht das Eis fast bis zum Teichgrund oder zeigen sich Blasen unter dem Eis, muss man für einen besseren Gasaustausch sorgen: Mit heißem Wasser oder einem scharfen Wasserstrahl (auf eine Stelle gerichtet) das Eis auftauen. Schöpft man dann einige Eimer Wasser aus dem Teich, entsteht unter dem Eis eine Luftblase, die für einige Tage den Gasaustausch sichert.
- Elektrische Stabheizer sind ebenfalls geeignet (unbedingt so installieren, wie in der Gebrauchsanweisung angegeben). Bei der Koi-Pflege sind sie in unseren Breiten auf jeden Fall zu empfehlen.

Dezember

- Der Stoffwechsel der Tiere ist auf Winterruhe eingestellt, und wenn der Teich tief genug ist (über 80 cm), wird er auch nicht bis zum Grund durchfrieren.
- Über grünen Unterwasserpflanzen den Schnee von der Eisdecke vorsichtig und ohne zu lärmen abfegen.
- Teich nie aufhacken oder ihn als Rutschbahn verwenden.

***Der erste** Schnee verzaubert die Gartenlandschaft.*

Adressen

Eine optimale Informationsquelle in allen Pflanzenangelegenheiten bietet Ihnen das Gartenforum der Zeitschrift Mein schöner Garten: http://mein-schoener-garten.de
Alles, was Sie zum Thema Gartenteiche brauchen, erhalten Sie im örtlichen Fachhandel (Gartencenter, Gärtnereien, Zoohandel u.ä.). Die Adressen finden Sie im Branchenfernsprechbuch.

Bezugsquellen

Pumpen und Gartenteichzubehör

HEISSNER AG
Schlitzerstr. 24
36341 Lauterbach

OASE Wübker GmbH & Co. KG
Postfach 2069
48469 Hörstel

GARDENA
Hans-Lorenser-Str. 40
80979 Ulm

Literatur

Aichele, Dietmar und Marianne Golte-Bechtle: Das neue Was blüht denn da? Kosmos, Stuttgart.
Aichele/Schwegler: Unsere Gräser. Kosmos, Stuttgart.
Aichele/Schwegler: Unsere Moos- und Farnpflanzen. Kosmos, Stuttgart.
Beck, Peter: Gartenlust Wassergärten. Kosmos, Stuttgart.
Beck, Peter: Gartenteiche planen, anlegen, genießen. Kosmos, Stuttgart.
Beck, Peter: Der optimale Gartenteich. Aquadocumenta, Bielefeld.
Beck, Peter: Die schönsten Miniwassergärten. Kosmos, Stuttgart.
Beck, Peter: Steingärten, Trockenmauern, Tröge. Kosmos, Stuttgart.
Beck, Peter: Treffpunkt Wassergarten. Tiere anlocken, beobachten, bestimmen. Kosmos, Stuttgart.
Bellmann, Heiko: Bienen, Wespen, Ameisen. Kosmos, Stuttgart.
Bellmann, Heiko: Der neue Kosmos Insektenführer. Kosmos, Stuttgart.
Cerny, Walter: Welcher Vogel ist das? Kosmos, Stuttgart.
Engelhart, Wolfgang: Was lebt in Tümpel, Bach und Weiher? Kosmos, Stuttgart.
Helberg, Thomas: Wassergärten. Kosmos, Stuttgart.
Hilble, Robert und Gabriele Langfeldt-Feldmann: Kois. Kosmos, Stuttgart.
Juritza, Gerhard: Der Kosmos Libellenführer. Kosmos, Stuttgart.
Kölle, Dr. Petra: Fischkrankheiten. Kosmos-Verlag, Stuttgart.
Kremer, Bruno P.: Giftpflanzen in Haus, Garten und Natur. Kosmos, Stuttgart.
Pott, Eckard: Vögel. Kosmos, Stuttgart.
Pott, Eckard und Jean C. Roche: Unsere Singvögel und ihre Gesänge (Buch + Cassette). Kosmos, Stuttgart.
Richarz, Klaus und Alfred Limbrunner: Fledermäuse. Kosmos, Stuttgart.
Roche, Jean C. und Wolfgang Dreyer: Tierstimmen am Teich (Naturführer + CD). Kosmos, Stuttgart.
Schönfelder, Peter und Ingrid: Der neue Kosmos Heilpflanzenführer. Kosmos, Stuttgart.
Singer, Detlef: Vögel in Park und Garten. Kosmos, Stuttgart.
Specht, Rudolf: Unsere Vogelwelt im Jahreslauf. Kosmos, Stuttgart.
Specht, Rudolf: Vögel rund ums Haus. Kosmos, Stuttgart.
Sulzberger, Robert: Gartenlust von Anfang an. Kosmos, Stuttgart.
Steinbach, Gunter, Richard Podloucky und Jean C. Roche: Froschkonzert am Gartenteich (Buch + CD). Kosmos, Stuttgart.
Throll, Angelika und Wolff, Jürgen (Hrsg.): Die mein schöner Garten Enzyklopädie der Gartenpflanzen. Kosmos.Stuttgart.
Witt, Reinhold: Ein Garten für Schmetterlinge. Kosmos, Stuttgart.
Witt, Reinhold: Ein Garten für Vögel. Kosmos, Stuttgart.
Wolff, Jürgen (Hrsg.): Mein schöner Bio-Garten. Kosmos, Stuttgart.
Wolff, Jürgen (Hrsg.): Mein schöner Garten. Kosmos, Stuttgart.
Wolff, Jürgen (Hrsg.): Mit Mein schöner Garten durchs Jahr. Kosmos, Stuttgart.

Amtliche Pflanzenschutzberatung

Baden-Württemberg
Landesanstalt für Pflanzenschutz
Reinsburgstr. 107
70197 Stuttgart
Tel. 0711/664 244 0
Mail: poststelle@lfp.bwl.de
Fernsprech-Ansagedienst 0711/624 306

Bayern
Bayrische Gartenakademie
An der Steige 15 / Postfach 1140
97205 Veitshöchheim
Gartentelefon: 0800/980 114 7
Mail: poststelle@lwg.bayern.de

Berlin
Pflanzenschutzamt Berlin
Mohriner Allee 137
12347 Berlin
Tel. 030/700 006-0
Fernsprechansage Pflanzenschutzwarndienst: 011 54

Brandenburg
Landesamt für Ernährung, Landwirtschaft und Flurneuordnung, Dezernat Pflanzenschutz
Ringstr. 1010
15236 Frankfurt (O)/Markendorf
Tel. 0335/52 17-622

Bremen
Senator für Umweltschutz und Stadtentwicklung, Pflanzenschutzdienst
Große Weidestr. 4–16
(Postanschrift: Hanseatenhof 5)
28195 Bremen
Tel. 0421/361-257 5

Hamburg
Institut für Angewandte Botanik, Abt. Pflanzenschutz
Marseiller Str. 7
20355 Hamburg
Tel. 040/428 38-0

Hessen
Hess. Gartenakademie
Am Kloster Klarenthal 7 a
65197 Wiesbaden
Tel. 0611/946 811 7

Mecklenburg-Vorpommern
Landespflanzenschutzamt
Graf-Lippe-Str. 1
18059 Rostock
Tel. 0381/491 23-31 und -33

Niedersachsen
Lehr- und Versuchsanstalt für Gartenbau
Heisterbergallee 12
30453 Hannover
Tel. 0511/40 05-152
Mail: lvg.ahlem@lawikhan.de

Nordrhein-Westfalen
Pflanzenschutzamt der Landwirtschaftskammer Rheinland
Siebengebirgstr. 200
53229 Bonn
Tel. 0228/43 42-150 und -152

Rheinland-Pfalz
Landesanstalt für Pflanzenschutz und Pflanzenbau
Essenheimer Str. 144
55128 Mainz-Bretzenheim
Gartentelefon (montags 8.00 bis 16.30 Uhr) 061 31/99 30-84
www.pflanzenschutzdienst.de

Saarland
Pflanzenschutzamt Saarbrücken
Lessingstr. 12
66121 Saarbrücken
Tel. 0681/665 05-38

Sachsen
Sächsische Landesanstalt für Landwirtschaft
Fachbereich Integrierter Pflanzenschutz, Referat 63
Alttrachau 7
01139 Dresden
Tel. 0351/853 040

Sachsen-Anhalt
Landespflanzenschutzamt
Lerchenwuhne 125
39128 Magdeburg
Tel. 0391/25 69-450 bis 453

Schleswig-Holstein
Pflanzenschutzamt
Westring 383
24118 Kiel
Tel. 0431/880-13 02

Thüringen
Thüringer Landesanstalt für Landwirtschaft, Sachgebiet Pflanzenschutz
Mittelhäuser Straße
99189 Erfurt-Kühnhausen
Tel. 036 201/817-0

Nützlinge

Flora Nützlinge
Wulkower Weg (Gärtnerei)
15518 Hangelsberg
www.landwirtschaft.freepage.de

W. Neudorff GmbH KG
Abt. Nutzorganismen
Postfach 12 09
31857 Emmerthal
www.neudorff.de

Sautter & Stepper GmbH
Rosenstr. 19
72119 Ammerbuch
www.nuetzlinge.de

Register

Die halbfetten Seitenzahlen verweisen auf Abbildungen.

Impressum

233 Bilder von:
Peter Beck, Stuttgart: 8, 10 u li, 14 beide, 20 beide, 22 u re, 24 o li, 26 o, 28 o, 29, 38 u li, 39 beide, 40, 42 u li, 43, 44 u li, 46 beide, 48 u li, 51, 52, 53, 56, 58, 62, 65 o re, 66, 67 u re, 69 o li, 70 beide, 75, 76, 77, 78, 79, 80, 81 u li, 82 beide, 83, 84 o li, 85, 86 o li, 87, 89, 90 u re, 91, 93, 97 o re, 99 beide, 100 o, 102 beide, 104 u li, 105 beide, 107 u li, 106 u li, 109 u re, 110 beide, 111 beide, 112 o re, 113 beide, 116 o mi, 119 u li, 121 o mi, 122 u li, 126 o li, 127 o re, 128, 129 o li, 130 o mi, 131 beide, 133 u re, 134 beide, 142 o re, 148; **dkplus**, Vejen: 44 u re; **Dr. Hugo Herkner**, München: 92; **Gartenschatz GmbH**, Stuttgart: Vorsatz/Nachsatz, 4/5, 71, 115, 116 u li, 118 o li, 121 o li, 127 u li, 130 u re, 133 o li, 135, 136 u mi, 137 beide, 139 u li, 140 u li, 141 beide, 142 u li, 146 o li; **Christian Gehler**, Berlin: 15, 17 o re, 41 u li; **Günther Kobiela**, Stuttgart: 2/3, 11, 12 u li; **Kosmos/Christof Salata**: 63 o li, 65 u re, 74; **Hans E. Laux**, Biberach a.d. Riß: 55 o li, 114 o re, 144; **Mein schöner Garten/Archiv**, Offenburg: 22 u li, 45, 59 o; **Mein schöner Garten/Bodo Butz**, Offenburg: 98, 146 u re, 147; **Mein schöner Garten/Petra Jarosch**, Offenburg: 18 u li, 26 u re; **Gabriele Metz**, Mülheim/Ruhr: 41 o re, 67 o li, 73; **Oase Wübker GmbH & Co. KG**, Hörstel: 7, 10 o re, 16, 17 o li und mi,18 o re, 27, 28 u, 30 o re, 32 o re, 34 o li, 36 o li, 37, 60 o re, 72 u re, 94, 96, 100 u; **Manfred Pforr**, Langenpreising: 19, 25, 42 o re, 61, 88 u; **Wolfgang Redeleit**, Bienenbüttel: 12 u re, 21, 50, 95 u re, 97 u, 143, 145 o li; **Reinhard Tierfoto, Nils Reinhard**, Heiligkreuzsteinach/Eiterbach: 30 o li, 34 o, 95 o li, 103; **Reinhard Tierfoto, Hans Reinhard**, Heiligkreuzsteinach/Eiterbach: 6, 9, 13, 49, 54, 64, 68, 69 u re, 72 u li, 136 o re, 140 o re, 145 u re; **Manfred Ruckszio**, Taunusstein: 23, 24, o re, 34 o re, 55 o re, 57, 59 u re, 60 u li, 81 u re, 84 u re, 86 o re, 90 o li, 101, 104 o re, 107 o mi, 108 o re, 109 o li, 112 u li, 144 o li, 117 beide, 118 o re, 119 o li, 120, 121 u re, 122 o re, 123 beide, 124 beide, 125 u li, 126 beide, 129 u re, 132 beide, 138 u re, 139 o re; **Peter Zeininger**, Unterschleißheim/Lohof: 88 o.

8 Illustrationen von
Horst Lünser, Berlin: 31 beide, 34 u, 35 beide, 36 o re, 38 o re
Reinhild Hofmann, München: 32 o li

Umschlaggestaltung von eStudio Calamar, unter Verwendung eines Fotos von IPO, Ingeborg Polaschek, Linsengericht.

Unser gesamtes lieferbares Programm und viele weitere Informationen zu unseren Büchern, Spielen, Experimentierkästen, DVDs, Autoren und Aktivitäten finden Sie unter **www.kosmos.de**

Gedruckt auf chlorfrei gebleichtem Papier.

Dritte Auflage

ISBN 978-3-440-11910-5
Redaktion und Bildredaktion: Dr. Folko Kullmann
Grundlayout: eStudio Calamar
Produktion: Ralf Paucke
Printed in Italy/Imprimé en Italie

Peter Beck war Buchautor, Wassergartenspezialist, Fachgruppenleiter der Fachgruppe Steingarten und alpine Stauden, Gruppe München, in der Gesellschaft der Staudenfreunde e.V., deren Vizepräsident er war.

Autor und Verlag danken Herrn Kleinmann (Kölle Zoo, Stuttgart) für die freundliche Unterstützung.

Alle Angaben in diesem Buch sind sorgfältig geprüft und geben den neuesten Wissensstand bei der Veröffentlichung wieder. Da sich das Wissen aber laufend und in rascher Folge weiterentwickelt und vergrößert, muss jeder Anwender prüfen, ob die Angaben nicht durch neuere Erkenntnisse überholt sind. Dazu muss er zum Beispiel Beipackzettel lesen und genau befolgen, sowie Gebrauchsanweisungen und Gesetze beachten. Dies gilt besonders in Zusammenhang mit der Installation und dem Gebrauch elektrischer Geräte sowie der Verwendung von Pflanzenschutzmitteln und Düngemittel.